I0122267

L'ADMINISTRATION CHARITABLE

ET

LA POLITIQUE RADICALE

EXTRAIT DU *CORRESPONDANT*

PARIS

LIBRAIRIE DE CHARLES DOUNIOL ET Cᵉ, EDITEURS

29, RUE DE TOURNON, 29

—

1877

L⁵⁷⁄₉

L'ADMINISTRATION CHARITABLE

ET

LA POLITIQUE RADICALE

Lb 5/
7280
(1)

PARIS. — E. DE SOYE ET FILS, IMPR., 5, PL. DU PANTHÉON.

L'ADMINISTRATION CHARITABLE

ET

LA POLITIQUE RADICALE

EXTRAIT DU *CORRESPONDANT*

PARIS

LIBRAIRIE DE CHARLES DOUNIOL ET Cᵉ, EDITEURS

29, RUE DE TOURNON, 29

—

1877

BIBLIOTHÈQUE NATIONALE R.F. IMPRIMÉ

L'ADMINISTRATION CHARITABLE

ET LA POLITIQUE RADICALE

'S'il est une institution dont la France ait encore le droit d'être fière, c'est cette administration charitable qui dirige, avec tant de zèle et de dévouement, nos hôpitaux, nos hospices et nos bureaux de bienfaisance. Eh bien ! le croira-t-on? ces modestes commissions administratives, qui font tant de bien sans bruit, sans sortir de leurs attributions, n'ont pas trouvé grâce devant nos députés radicaux !

Une proposition de loi, présentée par M. Plessier, député de Seine-et-Marne, tend à *restituer* (sic) *aux conseils municipaux la nomination des commissions administratives des hospices et des bureaux de bienfaisance.* Cette proposition, déjà adoptée en première lecture dans la séance du 23 mars 1877, figure à l'ordre du jour de la Chambre des députés, pour la deuxième et dernière délibération.

Avant que le projet de M. Plessier ait été adopté par une majorité dont il flatte les passions démocratiques et les préjugés antireligieux, nous allons montrer qu'il ne repose sur aucun fondement sérieux, qu'il est contraire à nos traditions nationales et à notre jurisprudence administrative comme aux intérêts des pauvres et aux droits du clergé; nous allons montrer qu'il ne peut manquer d'amener une perturbation profonde dans l'organisation de notre assistance publique.

Le rapport de la commission parlementaire, chargée d'examiner la proposition, expose dans son préambule toute la pensée de l'auteur, d'autant mieux que M. Plessier a fait lui-même le rapport sur sa proposition. Mettons ce résumé sous les yeux du lecteur, qui verra ainsi d'un coup d'œil l'argumentation du rapporteur :

La bonne composition du personnel des commissions administratives est si favorable à l'assistance publique, que leur organisation a fait l'objet des décrets des conciles, des délibérations des Etats généraux et des ordonnances des rois. La gestion des hôpitaux et des autres établissements de bienfaisance a passé des mains des ecclésiastiques

1

dans celles des bourgeois, marchands ou laboureurs choisis par les assemblées communales. Un décret du concile de Vienne, intervenu en 1312, a été le point de départ de cette réformation motivée par les plus graves abus. Les États généraux la réclamèrent avec instance. Entreprise par François Ier, poursuivie par ses successeurs, elle ne fut réellement opérée que par Louis XIV, et elle se maintint à la satisfaction du pays jusqu'en 1789. Ce n'est que depuis le commencement du dix-neuvième siècle que les membres des commissions hospitalières et charitables ont été nommés par les divers pouvoirs monarchiques qui se sont succédé en France.

La proposition de loi de M. Plessier, tendant à restituer ce droit aux municipalités, conformément à la tradition nationale, satisfait aux libertés communales et assure le meilleur emploi possible du patrimoine des pauvres. (*Rapport* de M. Plessier, p. 1 et 2.)

Qui se serait attendu à voir les radicaux assiéger notre administration charitable non-seulement au nom des libertés communales, mais encore avec les canons de l'Église et les ordonnances de nos anciens rois? Pourquoi cette comédie? Ah! c'est qu'ils n'osent attaquer franchement des institutions où le caractère religieux est étroitement uni au caractère charitable. Pour donner le change et tromper les pauvres gens qui tiennent à conserver les dévoués administrateurs de nos établissements de bienfaisance avec leurs bonnes sœurs hospitalières, les prétendus *mandataires du peuple* laissent croire que ces établissements sont encore entre les mains du clergé, et ils font tonner les canons des conciles contre un abus condamné par l'Église. Nous n'exagérons rien.

Il est à remarquer, dit M. Plessier, que l'introduction des curés dans le comité de direction est en opposition formelle avec les prescriptions du concile de Vienne qui, à notre connaissance, n'a jamais été réformé. (*Rapport* déjà cité, p. 14.)

Pour faire passer les municipalités radicales à la place de nos commissions charitables, le rapporteur, après avoir cité des ordonnances de François Ier, d'Henri II, de Charles IX et d'Henri III, en tire la conclusion suivante :

Ainsi il y a trois siècles, les administrateurs des hospices et autres institutions charitables, sans exception, devaient être élus par les communautés d'habitants des villes, bourgades et villages. (*Rapport*, p. 11.)

Et, pour mieux trancher la question, M. Plessier invoque l'autorité du *Répertoire de l'administration et de la comptabilité des établissements de bienfaisance*, dont il reproduit, en lettres majuscules, lè passage suivant :

Les hôpitaux furent longtemps administrés par des ecclésiastiques; mais la charité, qui aurait dû toujours présider à leur administration, en fut bannie trop souvent par une sordide cupidité qui ne craignit pas de s'enrichir de la substance des pauvres. De nombreux règlements eurent pour objet de rechercher les déprédations et de punir les coupables. Le peu de succès qu'ils obtinrent fit adopter une mesure radicale. La direction de ces établissements fut enlevée aux ecclésiastiques et *remise aux communes* [1].

Puisqu'on ne craint pas de travestir ainsi l'histoire, puisqu'on ose remettre tout en question, tout jusqu'aux services éclatants rendus aux pauvres par la charité catholique, il faut bien suivre ses adversaires sur le terrain qu'ils ont choisi, et repousser leurs attaques en rétablissant les faits dans un exposé aussi rapide que possible, mais appuyé de documents authentiques et d'une autorité irréfragable.

I. — ORIGINE CHRÉTIENNE DE NOS ÉTABLISSEMENTS CHARITABLES.

Avant le christianisme, il n'y avait pas sur la face de la terre un seul hospice, un seul hôpital, un seul asile pour la souffrance. On connaît la date des premières fondations. Le nom des premiers fondateurs, des premiers chrétiens, des premiers évêques, des premiers papes qui les ont fondés, est dans l'histoire.

Nous avons créé le capital de la charité sur la terre. Nous avons créé la charité elle-même. Avant nous, avant le christianisme, le nom et la chose étaient profondément inconnus [2].

Depuis le jour où la voix éloquente de l'évêque d'Orléans a proclamé devant l'Assemblée nationale cette grande vérité, personne ne s'est levé pour le contredire. On a bien entendu quelques murmures du côté de la gauche ; mais au moment du scrutin qui a *restitué* au clergé sa place dans nos commissions charitables, M. Gambetta et ses amis ont eu, du moins, la pudeur de s'abstenir. Cinq ou six païens de l'Université ou de la Montagne ont seuls osé voter contre la proposition [5].

Il est donc incontestable qu'avant le christianisme, il n'existait

[1] Durieu et G. Roche, t. II, p. 315.
[2] *Discours* de Mgr Dupanloup, dans la discussion dé la loi du 21 mai 1873 ; séance du 27 mars 1873.
[3] Voici leurs noms : MM. Beaussire, Durieu, Laurent-Pichat, Henri Lefèvre, Rathier.

pas sur la face de la terre un seul hospice, un seul hôpital, un seul asile pour la souffrance. Qu'il soit permis aujourd'hui à un simple laïc de venir compléter le témoignage d'un illustre évêque, en disant ici les noms des premiers papes, des premiers évêques, des premiers chrétiens qui ont fondé ces maisons de charité.

Avant Constantin, les malades étaient soignés à domicile par les diacres et les pieux fidèles qui les secondaient dans ce ministère de charité. Les premiers chrétiens considéraient « qu'une des plus grandes œuvres de charité consistait à se charger du soin des malades qui n'avaient personne pour les assister. Celui qui leur donnait des soins offrait à Dieu une victime vivante; ce qu'il donnait dans le temps à ses frères, Dieu devait le lui rendre dans l'éternité [1]. »

Cette pieuse croyance avait inspiré la charité des chrétiens envers les malades pendant les premiers siècles de l'Eglise; mais ne pouvant, à cause des persécutions, les réunir dans la même maison pour les soigner plus facilement, ils étaient obligés de les assister à domicile.

L'Eglise persécutée ne pouvait réunir ses pauvres; il fallait qu'elle allât, de porte en porte, leur faire sa périlleuse aumône : l'Eglise, affranchie, eut hâte de les réunir afin de pouvoir en secourir davantage.

La première vertu qui s'immobilisa ainsi, et qui eut son symbole de pierre et de bois, ce fut, après la piété, l'hospitalité. Ce soin des hôtes, si recommandé par les apôtres, avait été une des traditions les plus chères, une des institutions les plus indispensables de l'Eglise chrétienne [2].

Les persécutions des premiers siècles obligeaient, en effet, les chrétiens à fuir et à s'expatrier pour échapper à la mort qui les menaçait de toutes parts. La parole de Jésus-Christ était alors présente à tous les cœurs : « J'étais étranger, et vous m'avez donné l'hospitalité. »

En Orient, où la paix de l'empire était moins troublée, les évêques firent construire des asiles communs. Celui de saint Basile paraît avoir été l'un des premiers.

Sortez de Césarée, dit-on, et vous verrez là une nouvelle ville; c'est le palais de la charité, le trésor où les riches sont venus placer leurs épargnes; où, sur l'éloquente parole de Basile, les chrétiens sont venus apporter non-seulement leur superflu, mais leur nécessaire [3].

---

[1] Lactance, *De Ver. Cult.* 12.
[2] Franz de Champagny, *La Charité chrétienne*, p. 311.
[3] Gregor. Naz. *Orat.* 20.

Le préfet de la province s'inquiète de l'immensité de ces cons-
tructions, si étranges aux yeux d'un païen; Basile a été accusé
devant lui et réduit à se justifier de sa charité·:

> A qui donc, écrit le saint évêque au gouverneur de la Cappadoce, à
> qui donc avons-nous fait le moindre tort, en construisant ces lieux de
> refuge pour recueillir soit les étrangers qui passent dans le pays, soit
> ceux qui ont besoin d'un traitement particulier en raison de l'état de
> leur santé? C'est en vue de ces derniers que nous avons établi, dans
> notre maison, les moyens de leur assurer les secours nécessaires, des
> gardes-malades, des médecins, des porteurs (pour les infirmes), des
> guides (pour les aveugles). Il a été indipensable d'y joindre les indus-
> tries nécessaires à la vie et les arts destinés à l'embellir. Par là même,
> il a fallu construire des ateliers où l'on pût convenablement exécuter
> ces divers genres de travaux [1].

L'empereur Valens, dit Théodoret, finit par s'éprendre d'admiration
pour saint Basile. Il lui donna de magnifiques terres qu'il possédait
dans la Cappadoce; il les lui donna pour les pauvres dont le saint
évêque prenait soin, et pour ces malheureux qui, frappés de maladie
dans tout leur corps, avaient le plus grand besoin qu'on vînt à leur
secours [2].

Les *lépreux*, qu'il est facile de reconnaître dans ces *malheureux
frappés de maladie dans tout leur corps*, avaient trouvé un asile,
avec les soins les plus touchants, dans ce palais de la charité construit par saint Basile. Saint Grégoire de Nazianze, en faisant l'oraison
funèbre de son ami devant les habitants de Césarée, accourus en
foule pour l'entendre, nous a laissé un magnifique tableau de la
Basiléïde :

> Là, s'écrie·t-il, la maladie apprend à s'apprécier à la lumière d'une
> saine philosophie; la souffrance, à comprendre son bonheur, et la
> charité, à s'honorer par ses sympathiques dévouements. Oh! qu'il y a
> loin des inutiles monuments de l'orgueil à ce saint asile consacré à
> toutes les douleurs! C'est l'œuvre la plus admirable que l'imagination
> puisse concevoir, une voie abrégée de salut, un facile degré pour
> monter au ciel. Ainsi, nos yeux ne sont plus attristés par le plus ter-
> rible, le plus douloureux des spectacles qui se puissent voir. Nous
> n'apercevons plus ces cadavres vivants, promenant çà et là ce qu'une
> effrayante maladie leur a laissé de membres sur un tronc mutilé...

Eh! bien! c'est saint Basile qui a incliné la charité vers cet excès de

---

[1] *Sancti Basilii Opera*, t. III, p. 268, édit· Gaume.
[2] *Hist. eccles.* 4. 48.

douleurs! Hommes que nous sommes, il nous a enseigné à ne point outrager, par notre insensibilité envers ces infortunés, Jésus-Christ Notre-Seigneur, qui est à la tête du corps mystique de l'Eglise, à profiter du malheur de nos frères pour nous concilier la miséricorde divine par notre miséricordieuse pitié envers eux. Ce grand pontife, aussi illustre par l'éclat de ses vertus que par la noblesse de sa naissance, ne rougissait pas de vénérer la maladie, en collant ses lèvres saintes sur ces restes de membres qu'elle avait rendus méconnaissables. Il les embrassait comme des frères et, par ces pieux baisers, il inspirait le courage de les aborder et de les secourir!

L'influence de sa charité ne se renferma pas dans l'enceinte de cette ville; elle s'étendit loin au dehors, loin dans tout le pays. Elle excita parmi tous les corévêques (curés) chargés de veiller sur les peuples, une sainte émulation de courage et de charité [1].

A Rome, la visite des malades à domicile continua encore, pendant quelque temps, comme par le passé. Ainsi, nous voyons à la fin du quatrième siècle, l'illustre sainte Paule, « noble rejeton des Gracques et des Scipions, prodiguant ses biens à ceux que la maladie retenait sur leur lit de douleur; elle allait furetant, avec une ardente curiosité, les plus humbles réduits de la ville de Rome, regardant qu'elle éprouvait un dommage personnel, lorsque quelqu'un avait pu la prévenir en procurant des soins et des secours aux infirmes et aux pauvres [2]. »

Mais les chrétiens de Rome voulurent aussi, à l'exemple de leurs frères de Césarée, fonder ces maisons de charité où l'on soignait « ceux qui souffraient dans leur chair. » Le premier hôpital connu en Occident fut établi à Rome par une de ces illustres chrétiennes qui rivalisaient de zèle et de vertus avec les Pères de l'Eglise. Voici le magnifique tableau que saint Jérôme nous a laissé de cette admirable fondation :

Sainte Fabiola vendit son patrimoine qui était très-considérable et proportionné à sa naissance. Elle en employa le prix à assister les pauvres dans leurs besoins. Elle fut la première qui établit à Rome un *nosocomium*. Elle y réunit les malades qu'elle ramassait sur les places publiques, et y soigna elle-même ces malheureux dont les membres étaient consumés par la langueur et la faim. Dois-je décrire ici les fléaux divers qui frappent la nature humaine : les nez mutilés, les yeux crevés, les pieds à demi brûlés, les mains livides, le ventre enflé, les jambes desséchées, les cuisses bouffies, les vers fourmillant au

---

[1] Gregor. Naz. *Orat.* 20.
[2] S. Jérôme, *ad Eustoch.; epitaph. Paulæ.*

milieu des chairs rongées, tombant en putréfaction! Combien de fois l'a-t-on vue portant sur ses épaules des pauvres dégoûtants de saleté et atteints de l'une de ces affreuses maladies! Combien de fois l'a-t-on vue laver des plaies qui répandaient une puanteur telle que personne ne pouvait même les regarder! Elle donnait, de ses propres mains, à manger aux malades; elle rafraîchissait ces cadavres expirants, en leur faisant prendre, à petites doses, un peu de nourriture.

Je sais que des personnes riches ne peuvent, quoique pieuses, surmonter les répugnances soulevées par l'exercice de ces œuvres de miséricorde. Celles-là recourent au ministère d'autrui, et font par leur argent ce qu'elles ne peuvent faire par leurs mains. Je ne les blâme pas : je n'impute pas à défaut de foi ces délicates faiblesses de tempérament. Mais si je pardonne à leur infirmité, je ne peux non plus m'empêcher d'élever jusqu'au ciel ces saintes ardeurs de la charité et de la perfection de l'âme. Une grande foi surmonte tous ces dégoûts. Dans celui qui nous fait horreur, dont la vue seule nous soulève le cœur, elle nous montre un être semblable à nous, pétri de la même boue; elle fait que nous souffrons tout ce qu'il souffre, que ses plaies deviennent nos propres plaies, et par cette union sympathique de nous-mêmes aux maux de nos frères, elle amollit et brise la dure insensibilité qui nous éloignait de leurs souffrances. Non, quand j'aurais cent bouches, cent langues et une voix de fer, je ne pourrais énumérer tous les noms des maladies auxquelles Fabiola procura tant de ménagements. Les pauvres qui jouissaient d'une bonne santé enviaient la condition des malades [1].

Saint Chrysostome, contemporain de saint Jérôme, avait trouvé un *nosocomium* établi à Constantinople, lorsqu'il fut nommé évêque de cette ville.

A peine fut-il installé, dit Pallade, qu'il examina l'état des dépenses de son évêché. Il trouva qu'elles étaient excessives. Il ordonna, en conséquence, d'attribuer au *nosocomium* toutes les sommes qui ne lui parurent point indispensables au service de sa maison. Comme les besoins de la pauvreté s'augmentaient, il en fit construire plusieurs autres. Il plaçait, à la tête de chacun, deux prêtres choisis parmi les plus pieux. Il leur adjoignit des médecins, des cuisiniers et aides subalternes, capables de les seconder dans leur ministère [2].

Grâce au zèle de la charité qui enflammait le cœur des chrétiens, on voyait affluer les infirmiers dans ces hôpitaux où les malades

[1] Epist. LXXXIV, *De morte Fabiolæ*.
[2] Pallad. *Dialog.*, ch. VIII.

recevaient ces soins admirables si bien décrits par saint Jérôme. A peu près à l'époque où saint Chrysostome établissait ses hôpitaux à Constantinople, il y avait à Alexandrie six cents infirmiers attachés au service des malades. C'était une association d'hommes dévoués qui, ayant consacré leur vie au soulagement de leurs frères, surtout dans les épidémies, se trouvèrent unis par la double fraternité du dévouement et de la charité. On les appela *parabolani*, d'un nom qu'on donnait jadis à ceux qui se jetaient dans l'arène pour y combattre les bêtes au risque de leur vie, et qui exprimait une audace voisine de la témérité [1]. Une loi d'Honorius et de Théodose a reconnu l'utilité de cette confrérie charitable en réglant les conditions de son existence à Alexandrie.

Pour les infirmiers (*parabolani*) consacrés au service des malades, nous ordonnons qu'ils soient établis au nombre de six cents. On les choisira parmi ceux qui ont acquis le plus d'expérience dans ce genre de service. Leur choix est laissé à la volonté du très-vénéré prélat d'Alexandrie. Ces six cents infirmiers devront agir sous ses ordres et se conformer aux dispositions qu'il arrêtera [2].

Pallade ajoute que « saint Chrysostome ne voulait pour infirmiers que des hommes qui ne fussent point engagés dans les liens du mariage. » Les *parabolani* formaient donc une véritable congrégation religieuse et charitable, comme celle qui dessert encore aujourd'hui, sous le nom de *Frères de Saint-Jean de Dieu*, plusieurs de nos établissements charitables.

Depuis que la loi des Douze-Tables avait reconnu au père de famille le droit de vie et de mort sur ses enfants, ainsi que celui de les vendre, les païens avaient continué à exercer ce droit sans pitié pour l'enfance. Minutius Félix et Tertullien attestent que, de leur temps, cet atroce abus du pouvoir paternel s'exerçait encore dans toute sa légale brutalité.

Lactance, qui a dédié son livre *De Ver. Cult.* à Constantin, s'y élève avec une grande énergie contre cette effroyable inhumanité.

C'est le christianisme seul qui a réagi contre elle. C'est lui qui a inspiré la loi par laquelle on condamne l'infanticide, en ordonnant de recueillir les enfants abandonnés [3].

Platon avait dit :

---

[1] F. de Champagny, *La Charité chrétienne*, p. 320.
[2] *Code Théodotien*, liv. XVIII.
[3] *Cod. Théod.* liv. II, tit. xxvii, 1.

Si des enfants naissent de parents qui ont passé un certain âge, l'Etat ne doit pas les nourrir, qu'on les expose [1].

Et Athènes, Rome et le monde païen tout entier, exposèrent les enfants et les livrèrent à la mort.

Jésus-Christ a dit : « Laissez venir à moi les petits enfants. Malheur à celui qui les scandalise! »

Et le monde chrétien tout entier a respecté l'enfance. Une loi de l'empereur Marcien déclara « que les directeurs des maisons d'orphelins (*Orphanotrophos*) devaient être considérés comme les tuteurs des pupilles et les curateurs des adolescents. » Cependant cette loi dispensa les tuteurs de toute reddition de compte :

Il convient que ces directeurs remplissent leur pieux et religieux office, de telle manière qu'ils ne soient point soumis au compte de tuteur ou de curateur. Car il y aurait quelque chose d'injurieux ou d'inique à exposer aux vexations d'habiles machinations, des hommes qui, par crainte de Dieu, s'empressent de sustenter des mineurs privés de leurs parents et de moyens de subsistance, se consacrant à les élever avec une affection toute paternelle [2].

Il n'était pas possible de faire un plus bel éloge de la charité, du désintéressement et de la probité des chrétiens (sans doute des prêtres) qui dirigeaient ces établissements charitables.

Les premiers asiles de vieillards (*gerontocomia*) ne nous sont guère connus que par une loi de Justinien [3] qui prouve que ces établissements étaient déjà nombreux dans l'empire romain à cette époque. La première fondation de ce genre, mentionnée dans l'histoire, est le *gerontocomium* du pape Pélage II, qui fit de sa maison un *hôpital pour les vieillards pauvres* [4]. Du temps du pape saint Grégoire, il en existait un jusque sur le mont Sinaï :

Nous avons appris, écrivait-il à l'abbé du monastère, que le *gerontocomium* construit par Isaurus sur le mont Sinaï où vous habitez, manque de lits et d'objets propres à les garnir. Sur ce, nous vous envoyons quinze matelas, trente couvertures et quinze lits. Nous ajoutons une somme d'argent destinée à acheter des oreillers ou des draps, ou à payer les frais de transport. Nous prions votre dilection de ne pas dédaigner cette offrande et de placer tous ces objets dans le lieu auquel nous les destinons [5].

[1] *Rép.* liv. V, p. 227 du t. IX trad. de Cousin.
[2] *Cod. Just.* liv. I, tit. II, XXII.
[3] Justinien, loi XXXII, *C. de Episc. et Cleric.* nov. CXXXI, 15.
[4] *Liber. pontif.* année 577.
[5] *Regist.* XI.

C'est donc la religion chrétienne qui a fondé les premiers établissements charitables dans le monde moderne. C'est à ses évêques, à ses prêtres que la direction et même l'administration de ces établissements sont restées confiées pendant longtemps.

Le pape saint Grégoire le Grand recommandait aux évêques :

De donner la direction des maisons de charité à des hommes qui en fussent dignes par leur vie, leurs mœurs et leurs capacités. Mais, ajoutait-il, il ne faut prendre que des religieux, parce que les juges (séculiers) n'ont point le pouvoir de les tracasser. Autrement, en prenant des personnes soumises à leur juridiction, on leur fournirait l'occasion de dilapider les biens destinés au soulagement de ceux qui vivent dans ces demeures [1].

Le même pape, parlant des maisons de charité, se plaint de ce que, *contrairement à l'usage immémorial, les habitants négligeaient* de rendre les comptes de leurs *xenodochia* à leur évêque, auquel appartenait la direction de ces établissements [2].

Après les Papes, on voit les Conciles régler l'administration des maisons de charité. On lit dans le cinquième canon du concile d'Orléans, tenu en 549 :

En vue de l'éternelle récompense, on devra toujours confier la direction du *xenodochium* de Lyon à des hommes capables et craignant Dieu. Le soin des malades, leur nombre, la réception des étrangers devront rester à perpétuité comme il a été réglé dans l'acte de fondation.

Lorsque la charité chrétienne eût ainsi créé et organisé tous les établissements nécessaires au soulagement des misères humaines, il ne restait plus qu'à assurer leur existence. Les jurisconsultes, s'inspirant du mépris du paganisme pour les *pauvres*, hésitèrent longtemps à régulariser les libéralités faites en leur faveur. Ils traitèrent les pauvres de *personnes incertaines;* c'étaient des légataires mal définis. Les empereurs chrétiens durent intervenir.

Au cinquième siècle, les legs faits aux pauvres, aux établissements de charité, au rachat des captifs furent solennellement validés. Cette propriété, qui n'était qu'une branche détachée de la propriété ecclésiastique, lui fut assimilée en toute chose. Les *vénérables maisons* (pour emprunter l'expression des lois), qui étaient vouées aux œuvres de la charité, eurent, comme propriétaires, les mêmes priviléges, les mêmes exemptions, les mêmes devoirs que l'Eglise. Leur propriété fut

[1] *Regist.* IV, XLVII.
[2] *Regist.* IV, XXVII.

également inaliénable ou ne put être aliénée qu'aux mêmes conditions. L'évêque en fut, comme pour les églises, l'administrateur suprême; il eut charge de poursuivre les legs faits pour les pauvres, pour les captifs à racheter, pour les établissements charitables. Il fut, dans le droit civil, l'homme d'affaires de la charité, comme il en était, en fait de police, le magistrat.....

La charité, cette idée qui, quatre cents ans auparavant, n'avait de nom dans aucune langue, était maintenant une souveraine dont la liste civile valait celle des empereurs. Voilà le progrès qu'on avait fait depuis le temps où le « doux Virgile » disait, en peignant le bonheur du sage : « Il n'a jamais éprouvé ni envie pour le riche, ni pitié pour « le pauvre. »

. . . . , ... Nec ille
Indoluit miserans inopem, aut invidit habenti [1].

II. — L'ADMINISTRATION DES HOPITAUX SOUS L'ANCIENNE MONARCHIE.

Au lendemain de l'inondation des barbares, le sol du monde chrétien reparaît à nos yeux couvert de monastères et de maisons de charité. On voit partout, du sixième au douzième siècle, les conciles édicter des règlements pour protéger les hôpitaux et les maladreries contre les envahissements des seigneurs, et maintenir leur administration sous la direction des évêques.

Pour donnner une idée nette et précise du droit public, qui régissait, dans notre pays au moyen âge, les établissements charitables, nous nous bornerons à citer un document dont l'authenticité ne sera pas contestée. Il est tiré d'une charte de Philippe-Auguste, de l'an 1200 :

A son très-excellent seigneur Philippe, par la grâce de Dieu, illustre roi des Francs, Geoffroi, très-humble évêque de l'église de Senlis, et tout le chapitre de Sainte-Marie, le Mayeur et les Pairs de la commune de Senlis, prompte et pleine obéissance :

Nous réunissant ensemble, selon la teneur de votre mandement pour les églises et Bourgeois de Tournai, de notre commun accord, et consentement, nous avons arrêté par écrit les coutumes que nous

[1] F. de Champagny, *La Charité chrétienne*, p. 305, 309. Sur la propriété des pauvres et des établissements charitables, voir Valentinien III et Marcien, XXIV; C. Justin. *De Episcop. et Cleric.*; Léon, XXVIII, *ibid.*; Léon et Anthemius, XIV, *De Sacrosanctis Eccl.*, XXXII, XXXIV, XXV ; *De Episcop. et Cleric.*; Zénon, XV, *De sacros. eccles.*; Anastase, XVII, *Ibid.*; Justinien, XXIV, XXII, *De Sacros Eccl.* (528) ; XLII, *De Episcop. et Cleric.*; XLVI, *Ibid* (530); XLIX, *Ibid.*; Novelle, VII,, XLVI, (536), Liv. II (537), CXX (541), etc.

avons tenues et tenons réciproquement, savoir les clercs à l'égard des laïques et les laïques à l'égard des clercs.

13. Les aumônes, tant en meubles qu'en immeubles, peuvent être faites par devant témoins chrétiens, clercs ou laïques, en présence de celui qui a le chef cens ou premier revenu, pourvu qu'elles soient légitimes.....

14. La disposition des maisons hospitalières et de ce qui leur est donné en aumône, comme nous l'avons dit, appartient à l'Evêque ou à une personne ecclésiastique [1].

L'espace nous manque pour retracer ici l'histoire du développement merveilleux des fondations hospitalières au moyen âge : nous ne pouvons que l'esquisser à grands traits. A l'époque où l'hérésie des Albigeois mettait le Midi de la France à feu et à sang, Guy, fils du comte de Montpellier, instituait une congrégation exclusivement vouée au service des malades et des infirmes. L'hôpital du Saint-Esprit de Montpellier, fondé en 1180, devint le modèle des établissements hospitaliers. Huit ans plus tard, celui de Marseille était créé, et la nouvelle Congrégation devenait un Ordre dont le pape Innocent III nommait Guy grand-maître, et auquel la plupart des villes de notre France durent leurs anciens hôpitaux. Ouvertes à toutes les infortunes, les maisons du Saint-Esprit recueillaient non-seulement les malades, mais les infirmes et les vieillards. Elles comprenaient même un service régulier pour les enfants trouvés.

Le testament de Louis VII constate le prodigieux accroissement des fondations charitables à cette époque où la foi catholique exerçait toute sa puissance. Le roi légua une somme de cent sous à chacune des *deux mille* léproseries ou maladreries, et cent livres à chacun des *deux cents* hôtels-Dieu existant alors dans le royaume de France.

On connaît trop, hélas! les funestes dissentiments que le règne de Philippe-le-Bel fit naître entre le Saint-Siége et la monarchie française. Parmi les causes de discorde, il en est une qui se rattache à l'administration des hôpitaux et qui a donné lieu aux plus absurdes accusations contre le clergé. Pour apprécier la véritable portée de cette querelle, nous nous en rapporterons à des témoignages plus éclairés et surtout moins partiaux que celui de l'abbé Fleury.

---

[1] *Ordonnances du Louvre,* t. XI, p. 284. Le texte est en latin. Les mots de *chef cens* se réfèrent au cas où la chose donnée est une censive ou bien roturier concédé au tenancier à charge de cens. Il y avait très-souvent plusieurs cens sur ces héritages : le chef cens, *capitalis census,* dû au seigneur qui avait concédé la censive, et le second cens, dû par le tenancier à des tiers à qui il avait emprunté de l'argent en donnant des garanties sur l'immeuble.

Sous Philippe le Bel, l'importance de plus en plus grande des hôpitaux amena l'autorité ecclésiastique à s'inquiéter des réclamations qu'excitait l'administration de leurs biens. Le grief le plus ordinaire allégué par les séculiers contre les moines, par les moines contre les séculiers, tenait à la conversion des biens des fondations charitables en bénéfices ; mais l'abus était souvent plus apparent que réel. Le donateur avait légué, soit une rente en argent ou en grains, soit une terre pour entretenir un ou plusieurs prêtres, à charge de faire telle ou tele aumône, d'appliquer annuellement telle ou telle somme à une œuvre indiquée. Il était arrivé vers la fin du treizième siècle, que revenus et capitaux avaient changé de valeur et que tantôt la somme léguée ne suffisait pas à entretenir décemment l'administrateur, tantôt l'administrateur, au contraire, jouissait d'un revenu beaucoup supérieur à la part des pauvres, ce qui occasionnait un scandale, bien que la lettre de l'acte de fondation fût suivie [1].

Il faut reconnaître, en outre, que certains administrateurs (*rectores*) négligeaient parfois de retirer des mains de ceux qui s'en étaient emparés, les biens des hôpitaux, léproseries et maladreries, laissaient tomber les édifices en ruines, et sans aucun respect de la volonté des fondateurs, refusaient de soulager les pauvres et s'attribuaient les revenus des fondations charitables.

Les règlements du concile de Vienne, qui porta remède à ces abus, ont été diversement interprétés par les écrivains modernes. La plupart, s'en rapportant à l'opinion de Fleury, ont dit et répété que le concile avait transféré aux laïques [2] l'administration des hôpitaux. Une discussion fort vive s'est engagée, en 1857, à ce sujet, entre les libéraux et les catholiques belges. Les premiers, ayant invoqué à l'appui de leur thèse l'autorité de l'abbé André, ce savant canoniste mit fin à la querelle en publiant dans les journaux la lettre suivante que nous croyons devoir reproduire en raison de son importance.

Monsieur le Rédacteur,

Je vous prie de vouloir bien déclarer que je n'ai point donné du concile de Vienne l'interprétation que M. Tielemans et certains journaux belges lui ont attribuée, et qu'ils ont eu tort d'invoquer mon nom à l'appui de leur sentiment.

Je me suis contenté de dire, soit dans mon *Cours de droit canon*, soit dans mon *Histoire des Conciles*, que le concile de Vienne régla qu'à

---

[1] Ducellier, agrégé d'histoire, *Histoire des classes laborieuses*, p. 145.

[2] Le mot *viris* employé par les Pères du concile, pouvant se prêter à des traductions diverses, il convient de s'en rapporter aux canonistes pour bien comprendre l'esprit de la constitution (*Quia contingit.*

l'avenir aucun hôpital ne serait donné en *bénéfice* à des clercs séculiers, à moins que le titre de fondation ne le porte, c'est-à-dire que si l'ecclésiastique n'avait que la simple administration de l'hôpital, il ne serait pas censé alors posséder un *bénéfice*, du revenu duquel on ne doit rendre compte à personne. C'est du reste la disposition d'une bulle du Pape Urbain V, qui déclara nulles toutes les collations qui avaient été faites des hôpitaux, à titre perpétuel, depuis le Pape Clément V. Je n'ai donc pas dit que le concile interdisait au clergé l'administration des hôpitaux, mais seulement que ces lieux pieux ne seraient point donnés en *bénéfices* à des clercs séculiers, ce qui est tout différent pour qui sait comprendre ce que c'est qu'un *bénéfice*.

J'ai eu soin d'ailleurs d'ajouter que le concile prescrivait rigoureusement que les comptes fussent rendus annuellement aux Ordinaires, c'est-à-dire aux évêques qui, par le droit, ont l'inspection sur les biens et l'administration des hôpitaux. Ce n'est certes pas là exclure le clergé, comme on le prétend, des administrations hospitalières.

Veuillez agréer, etc.

L'abbé ANDRÉ, *chanoine*.

Fleury, le 31 mai 1857.

Comment fut appliquée la réforme édictée par le concile de Vienne, c'est ce qu'il est difficile de constater avec précision au milieu des troubles qui agitèrent la France pendant les quatorzième et seizième siècles. Aussitôt qu'elle fut sortie de cette longue crise, on voit le pouvoir royal se substituer peu à peu à l'autorité ecclésiastique dans la direction des établissements hospitaliers. Dans un édit de février 1475, relatif à la réforme des abus signalés dans l'administration des hospices de Bordeaux, Louis XI s'exprime en ces termes :

Et pour ce qu'à nous appartient donner provision sur les Maisons-Dieu et hôpitaux de nostre royaume, afin qu'aucun inconvénient ne s'en suive et qu'ils ne tournent à ruine et décadence, mais pour les augmenter de tout notre pouvoir...

Le règne de la centralisation administrative commençait déjà. Les franchises locales, les libertés communales, les priviléges de l'Eglise, en un mot, les coutumes de l'ancienne société chrétienne étaient battues en brèche, de tous côtés, par les agents de l'autorité royale. Cette transformation sociale fut puissamment favorisée par le protestantisme et les guerres de religion qu'il suscita au seizième siècle. En ébranlant la situation financière du clergé et des ordres religieux, nos discordes civiles interrompirent, dans une grande partie de la France, la distribution des aumônes fondées par la piété des fidèles.

C'est ainsi que s'expliquent et se justifient, dans une certaine mesure, toutes ces ordonnances rendues, de François Ier à Henri III, pour réformer et séculariser l'administration des établissements charitables. Mais ce serait une grave erreur de croire, comme certains écrivains modernes, que la religion catholique fut alors chassée de nos hôpitaux et que la direction de ces établissements fut enlevée aux ecclésiastiques pour être remise aux communes.

Il est à remarquer d'abord que les fameuses ordonnances de Blois interdirent de confier le gouvernement des hôpitaux, non-seulement aux ecclésiastiques, mais encore aux « gentilshommes, archers et officiers publics. » L'abbé de Recalde, qui a publié, peu de temps avant la Révolution, un livre intéressant sur le régime administratif de nos anciens hôpitaux, nous fait connaître le véritable motif de cette mesure.

Les Ordonnances de France ont exclu de l'administration, c'est-à-dire de la recette et de la dépense des hôpitaux, les ecclésiastiques, les nobles et les officiers, et n'y ont admis que de simples bourgeois, afin qu'il fût plus aisé de leur faire rendre compte, et de les rappeler à leurs devoirs, s'ils s'en écartoient [1].

Mais les évêques n'en conservèrent pas moins leur haute juridiction sur les hôpitaux et autres fondations charitables. Le concile de Bourges, tenu en 1584, c'est-à-dire huit ans après l'assemblée des États généraux à Blois, reproduisit les canons du concile de Trente et déclara :

Que l'on était tenu de remplir exactement et avec soin toutes les charges des hôpitaux, pour ne point priver les pauvres des secours qu'ils en devaient attendre, et que c'était à l'évêque à punir ceux qui négligeaient de satisfaire à ces devoirs (canon 1er du titre XLIII)... Que, de plus, les administrateurs laïques, qui ne s'acquitteraient pas comme il faut de leur administration, y seraient contraints par les évêques usant des censures ecclésiastiques, et s'ils n'agissaient pas mieux dans la suite, pourraient même être privés de leur emploi et condamnés à restituer les fruits injustement perçus (canon 2e).

L'heureuse conversion d'Henri IV à la religion nationale, en arrêtant la France sur la pente fatale où l'entraînait la Réforme, la préserva des abus de la charité légale et de la taxe des pauvres, établies par les protestants dans les Etats où ils avaient confisqué les biens ecclésiastiques. L'Eglise de France, en conser-

---

[1] *Traité sur les abus qui subsistent dans les hôpitaux du royaume et les moyens propres à les réformer.* 1786.

vant sa dotation et son indépendance, sauvegarda, pour deux siècles encore, le patrimoine des pauvres. La réforme du clergé et des ordres religieux, si heureusement réalisée par les efforts de cette pléiade illustre où brillent saint François de Sales, sainte Jeanne de Chantal, saint Vincent de Paul, l'abbé Olier, l'abbé de Rancé, mit au service des pauvres et des établissements charitables toutes les forces morales de la religion. Grâces à l'admirable institution des Filles de Saint-Vincent de Paul, on vit se renouveler, chaque jour, dans nos hôpitaux, les merveilles du dévouement sublime des Paule et des Fabiola.

Dans une société aussi bien réglée que celle du dix-septième siècle, il était plus facile de mener à bonne fin la réforme de l'administration charitable.

Henri IV ordonna, en 1606, qu'il fût procédé, par le grand-aumônier de France, à la réformation générale des hôpitaux, surtout à l'audition et à la révision des comptes. Cette ordonnance étant encore restée sans effet, fut renouvelée par Louis XIII, en 1612. Il établit une commission qui subsista soixante ans. Cette commission ayant reconnu l'inutilité de plusieurs hôpitaux, qui étaient destinés à certains genres de pauvres qui ne se trouvaient plus alors, ou que rarement, un édit de 1664 commença à en préparer l'extinction; il fut confirmé par un autre de 1672, qui supprima les hôpitaux pour les lépreux..... Le roi appliqua d'abord les biens et revenus des léproseries supprimées au profit des hospitaliers de Notre-Dame de Mont-Carmel et de Saint-Lazare; ensuite ayant reconnu qu'ils n'étaient que d'une très-faible utilité pour ces ordres, qui étaient obligés d'en faire le recouvrement à grands frais, et de subir même à cette occasion des procès ruineux, la perception de ces biens ayant été longtemps négligée, ils en furent distraits, pour en être fait un emploi qui fût jugé plus conforme à l'esprit des fondations, faites essentiellement pour les pauvres. L'édit de 1693 fut celui qui eut le plus d'exécution en cette matière, et établit la réforme la plus stable. L'effet produisit la destruction totale de toutes les maisons de charité devenues inutiles, et l'union de leurs biens à celles dont l'utilité fut encore reconnue; une partie de ces biens fut encore employée à l'édification et établissement de nouveaux hôpitaux, dans les lieux où il n'y en avait point et où ils étaient nécessaires [1].

Une fois l'ordre rétabli dans ces fondations charitables, le gouvernement royal, usant de son pouvoir absolu, ne craignit pas de régler, d'une manière définitive et pour tous les établissements de charité, le mode d'administration et la composition des conseils

---

[1] L'abbé de Recalde, *Traité sur les hôpitaux* déjà cité, p. 13 à 16.

chargés de les diriger. Par un premier édit, d'avril 1695, le roi commença par reconnaître les droits du clergé, en ordonnant :

Que tous les archevêques, évêques, leurs grands vicaires et autres ecclésiastiques qui sont en possession de présider, et d'avoir soin de l'administration des hôpitaux, hôtels-Dieu et autres lieux pieux, établis pour le soulagement, retraite et instruction des pauvres, soient maintenus dans tous les droits, séances et honneurs, dont ils ont bien et duement joui jusqu'à présent; et que les dits archevêques et évêques aient à l'avenir la première séance et président dans tous les bureaux établis pour l'administration des dits hôpitaux ou lieux pieux, où eux et leurs prédécesseurs n'ont point été avant cet édit, et que les ordonnances et les règlements qu'ils y feront, pour la conduite spirituelle et la célébration du service divin, seront exécutés, nonobstant toutes oppositions ou interpellations simples ou comme d'abus et sans y préjudicier (art. 29).

La déclaration royale du 12 décembre 1698 compléta l'organisation des *Bureaux de direction* des hôpitaux :

Il y aura, en chacun des dits hôpitaux, un Bureau ordinaire de direction composé :
Du premier Officier de la justice du lieu et, en son absence, de celui qui le représente ;
Du Procureur pour nous aux siéges ou du Seigneur ;
Du Maire ;
De l'un des Échevins, Consuls ou autres ayant pareille fonction ;
Et du Curé ; et s'il y a plusieurs paroisses dans le lieu, les curés y entreront chacun pendant une année et tour à tour, à commencer par le plus ancien.
Outre ces *directeurs nés*, il en sera choisi, de trois ans en trois ans, dans les assemblées générales qui seront tenues, ainsi qu'il sera dit, ci-après, tel nombre qui sera jugé à propos dans chaque lieu, d'entre les principaux bourgeois et habitants, pour avoir entrée, séance après les directeurs nés, et voix délibérative dans le Bureau de direction, pendant le dit temps de trois ans, sauf à l'assemblée générale à les continuer tous ou seulement quelques-uns, si bon lui semble.
Les assemblées générales seront composées, outre le Bureau ordinaire, de ceux qui auront été directeurs de l'hôpital et des autres habitants qui ont droit de se trouver aux assemblées de la communauté du lieu[1].

[1] Isambert, nᵒ 1660, xx, 309. On sait que ces assemblées, exclusivement composées de personnes notables, ne ressemblaient en rien à nos conseils municipaux.

La Déclaration confirme expressément les droits accordés aux évêques par l'article 29 de l'Édit de 1695, rapporté ci-dessus.

Il faut convenir que cette organisation de l'administration charitable conciliait, dans une juste mesure, les traditions du passé et les prérogatives du clergé avec les droits de l'État, la représentation des autorités sociales et celle des intérêts locaux. Mais, encore une fois, il n'y a rien là qui justifie cette étrange assertion sur laquelle s'appuie le rapport de M. Plessier : que, sous l'ancienne monarchie, « la direction des hôpitaux a été enlevée aux ecclésiastiques et remise aux communes. »

L'administration charitable est restée, jusqu'à la Révolution, soumise au régime de l'édit de 1698, sans soulever aucune réclamation et fonctionnant ainsi partout à la satisfaction universelle.

III. — L'ASSISTANCE PUBLIQUE EN FRANCE DEPUIS LA RÉVOLUTION.

Dans la discussion mémorable qui eut lieu, en 1789, à l'Assemblée nationale, sur la vente des biens du clergé [1], Mgr de Balore, évêque de Nîmes, fit entendre ces paroles vraiment prophétiques :

Devons-nous craindre que, par un nouveau système, on veuille faire passer pour justice ce qui ne serait qu'une flétrissante spoliation? Les pauvres verraient donc consacrer à payer les dettes de l'État ce qui leur appartient dans les biens du clergé ! Vous voudrez les dédommager !... Mais leur donnerez-vous une hypothèque aussi sûre?... Et quand la nation se retrouvera dans des circonstances désastreuses pour les citoyens, pour les pauvres surtout, qui viendra au secours de ces derniers?... Nos sacrifices offerts à la nation seront pour nous la plus grande des jouissances. Attendez tout de nos privations personnelles ; mais, n'espérez rien du patrimoine des pauvres et de celui des autels. Non, jamais nous ne donnerons consentement à une usurpation de cette nature !

Cette éloquente protestation n'arrêta pas les novateurs, et la motion de Mirabeau fut votée, le 2 novembre 1789, par 568 voix contre 346 et 40 voix nulles. Elle était ainsi conçue :

[1] Pour ceux de nos lecteurs qui n'auraient pas sous la main la collection du *Moniteur*, nous rappellerons sommairement que le projet de Talleyrand-Périgord, évêque d'Autun, évaluait les biens du clergé à deux milliards. Ces biens se divisaient en trois parts : les biens personnels du clergé; les biens des pauvres et les biens des temples. La part des pauvres pouvait donc être évaluée à 666 millions.

Qu'il soit déclaré premièrement que tous les biens ecclésiastiques sont à la disposition de la nation, à la charge de pourvoir, d'une manière convenable, aux frais du culte, à l'entretien de ses ministres et au *soulagement des pauvres* [1].

L'Assemblée nationale avait donc contracté solennellement l'obligation de consacrer au soulagement des pauvres toutes les ressources qu'ils trouvaient alors dans le revenu des biens de l'Eglise, et qui, d'après les évaluations de l'évêque d'Autun, devaient s'élever à un chiffre annuel d'environ trente millions [2]. Pour acquitter cette *dette sacrée*, le *comité d'extinction de la mendicité*, institué par l'Assemblée nationale, se livra aux élucubrations les plus chimériques, substituant à l'ordre ancien de la charité chrétienne le système des utopies philanthropiques qui troublaient tant d'esprits à cette époque.

Nous ne prendrons pas la peine de reproduire ici ces projets irréalisables [3]. Nous nous bornons à en signaler la portée en résumant la partie financière du rapport où se trouvent des chiffres importants à constater. Le comité évaluait la totalité des secours publics pour le traitement des malades, des infirmes et des vieillards, l'entretien des enfants trouvés, l'assistance des indigents valides, la répression de la mendicité et les frais d'administration à 51,500,000 francs. Pour parer à cette dépense, le rapporteur, M. de Liancourt proposait d'y affecter :

1° les biens des hôpitaux et hospices dont il évaluait le revenu à.	32,000,000 fr.
2° Les biens ecclésiastiques nominativement destinés à des œuvres de charité et dont le revenu était estimé à.	6,000,000
3° la dépense annuelle des provinces pour les enfants trouvés.	1,500,000
Total. . . .	39,500,000 fr.

On espérait qu'en vendant les biens-fonds appartenant aux hospices, on réussirait à se procurer la somme nécessaire pour com-

[1] *Moniteur universel* du 3 nov. 1789, n° 82, p. 335 du 1er volume de la collection du *Moniteur*.

[2] On verra plus loin que M. de Liancourt n'évalue qu'à six millions le revenu des biens ecclésiastiques *expressément* affectés à des œuvres de charité ; mais il est certain que la part des pauvres dans la dotation du clergé de France était bien plus considérable.

[3] Les sept rapports du comité sont reproduits en partie dans le très-intéressant ouvrage de M. Monnier publié en 1856, sous ce titre : *Histoire de l'Assistance*. 1 vol. gr. in-8°. Paris, Guillaumin.

pléter le budget du service national des secours publics. Car le comité ne craignait pas d'admettre, en principe, l'annexion des biens des hôpitaux au domaine de la nation. Il insistait pour la réunion, dans un *centre commun*, c'est-à-dire entre les mains de l'État, de tous les biens des pauvres, seul moyen, à ses yeux, de consacrer le *principe vraiment constitutionnel de l'égalité de leurs droits et d'une égale répartition des secours dans tout le royaume* [1].

Adoptant ces dangereuses théories, la constitution de 1791 ordonna qu'il serait « créé et organisé un établissement général de secours publics. » On sait comment la Convention mit en pratique les systèmes que le délire des réformes avait inspirés. Un décret du 19 mars 1793 régla la répartition des secours publics et ordonna la vente des biens des hôpitaux, fondations et dotations charitables.

Le décret, si justement flétri, du 28 juin 1793, après avoir organisé des secours en faveur des enfants des familles indigentes, ordonna « l'établissement, dans chaque district, d'une maison où la fille enceinte pourra se retirer pour y faire ses couches; elle pourra y entrer à telle époque de sa grossesse qu'elle voudra.

« Toute fille qui déclarera vouloir allaiter elle-même l'enfant dont elle sera enceinte, et qui aura besoin des secours de la nation, aura droit de les réclamer.

« Pour les obtenir, elle ne sera tenue à d'autres formalités qu'à celles prescrites pour les mères de famille..., etc. (Articles 3, 4 et 5.) »

Par le décret du 24 vendémiaire an II (15 octobre 1793), relatif à l'extinction de la mendicité, la Convention interdit « toutes distributions de pain et d'argent dans les cantons, à l'époque du premier établissement des travaux de secours. Tout citoyen qui sera convaincu d'avoir donné à un mendiant aucune espèce d'aumône, sera condamné, par le juge de paix, à une amende (art. 16). Les mendiants, en état de récidive, seront condamnés à la *transportation* (art. 2 du titre IV). »

L'Assemblée constituante, par la voix de son *comité des secours* (rapport du 13 juin 1792), reconnaissant que les malades indigents ne pouvaient se passer « des soins doux et empressés, des manières prévenantes des femmes à qui semble appartenir l'empire de la bienfaisance, » avait rendu hommage au dévoucment des Sœurs hospitalières. La Convention les supprima par son décret du 9 nivôse an II (29 décembre 1793).

---

[1] Nous avons suivi dans ce résumé l'analyse des Rapports du comité publiée en 1849, dans les *Annales de la charité*, par M. Martin-Doisy, inspecteur général des établissements de bienfaisance.

Qui eût pensé, au moment où l'on prononçait un éloge si délicat et si vrai, qu'un an plus tard les religieuses de Saint-Vincent de Paul et toutes les saintes filles vouées au service des hôpitaux seraient impitoyablement dispersées et bannies, pour ne s'être point liées par un serment ridicule que leur conscience repoussait? Mais, dans le tumulte des passions politiques, l'ingratitude, ce profit des lâches, se cache sous les dehors du patriotisme et du devoir [1].

Enfin, pour achever cette esquisse de la législation révolutionnaire sur les secours publics, nous citerons, *pour mémoire*, le décret du 22 floréal an II (11 mai 1794) qui ordonna la création d'un *Livre de la bienfaisance nationale*, où seraient inscrits les indigents de toutes catégories, pour recevoir des pensions variant de 80 à 160 livres.

Le comité [2] vient vous parler aujourd'hui des *indigents*, ce nom sacré mais qui sera bientôt inconnu à la République...

La mendicité, fléau redoutable, lèpre des monarchies, est une accusation ambulante, une dénonciation vivante contre le gouvernement, qui s'élève tous les jours au milieu des places publiques, du fond des campagnes et du sein de ces tombeaux de l'espèce humaine décorés par la monarchie du nom d'*Hôtels-Dieu* et d'*Hôpitaux*...

Ce n'est pas assez pour le peuple d'abattre les factions, de saigner le commerce riche, de démolir les grandes fortunes; ce n'est pas assez de rappeler le règne de la justice et de la vertu; il faut encore faire disparaître du sol de la République la servilité des premiers besoins, l'esclavage de la misère, et cette trop hideuse inégalité parmi les hommes, qui fait que l'un a toute l'intempérance de la fortune et l'autre, toutes les angoisses du besoin... C'est à la Convention à réparer les injustices des lois monarchiques, à effacer le nom de *pauvre* des annales de la République, à bannir la mendicité par la bienveillance, et à rappeler fortement tous les citoyens aux droits de l'humanité et aux devoirs du travail...

Plus d'aumône, plus d'hôpitaux! Tel est le but vers lequel la Convention doit marcher sans cesse, car ces deux mots doivent être effacés du vocabulaire républicain.

La Convention marchait à pas de géant vers ce but. Après avoir tari la source de l'*aumône* par la vente des biens du clergé, la Révolution allait supprimer les *hôpitaux* par la vente de leurs biens,

[1] Monnier, *Histoire de l'Assistance*, p. 483.
[2] *Rapport* lu par Barrère, au nom du *Comité de salut public*, dans la séance du 11 mai 1794, à l'appui du projet de décret.

déjà commencée partout en vertu du décret du 23 messidor an II,
lorsque la chute de Robespierre l'arrêta dans la voie de cette politique abominable qui couvrait la France d'échafauds et de ruines.
Le 9 fructidor an III (26 août 1794), la Convention décréta qu'il
serait sursis à la vente des biens des hospices.

« Mais le mal était fait; les pauvres avaient déjà perdu les trois
cinquièmes de leur patrimoine [1]. » Ah! si l'évêque de Nîmes, appa-
raissant tout-à-coup à la barre de la Convention, était venu demander
compte à ces spoliateurs de tous les biens vendus par la Révolution, qu'auraient-ils pu lui répondre?... Qu'avaient-ils fait pour
« créer et organiser l'établissement général de secours publics, »
promis solennellement par la Constitution de 1791, et reconnu
comme « une dette sacrée » par la Constitution de 1793?

La Convention avait fait toutes ces lois, inexécutées et inexécu-
tables, qui ne figurent dans nos codes que pour attester son impuis-
sance à tenir les engagements de la Révolution, à acquitter cette
« dette sacrée » qu'elle avait contractée envers les pauvres le jour
où elle avait décrété la vente des biens du clergé (2 novembre 1789),
et le jour où elle avait ordonné la vente des biens des hospices
(19 mars 1793).

Mais, sans insister sur des récriminations, pourtant si légitimes,
nous avons hâte d'arriver à ces temps plus réguliers où la France,
sortie du chaos révolutionnaire, put reconstituer, à grand'peine,
ses anciens établissements charitables et créer un nouveau patrimoine des pauvres.

La loi du 16 vendémiaire an V (7 oct. 1796), rendue sous le
Directoire, révoqua définitivement l'ordre de vente des biens des
Hospices et réorganisa leur administration.

La loi du 7 frimaire an V établit des *Bureaux de Bienfaisance*
dans chaque commune et, pour leur assurer des ressources, remit
en vigueur le droit des pauvres établi par nos rois sur les spectacles
et autres fêtes publiques.

Mais, en abandonnant le système de l'assistance par l'Etat, le
Directoire resta fidèle à la tradition révolutionnaire, qui soumettait
l'administration des secours publics aux *municipalités*, ces organes
privilégiés du régime inauguré en France par les constitutions de
1791 et de 1793. C'était aux municipalités que la loi du 7 frimaire
an V conférait la mission de créer les Bureaux de bienfaisance et de
nommer les cinq membres dont chacun d'eux devait être composé.
C'était aux municipalités que la loi du 16 vendémiaire an V confiait
la *surveillance immédiate* des hospices et le droit de nommer leurs

---

[1] Dupin, *Histoire de l'administration de secours publics*, p. 77.

commissions administratives formées chacune de cinq membres, qui pouvaient élire entre eux un président et un secrétaire.

Voilà le régime auquel M. Plessier voudrait nous ramener et dont une commission de la Chambre des députés propose, à l'unanimité, le rétablissement. Nous avons eu la curiosité de faire des recherches dans les archives des communes et des hospices pour voir comment ce système avait fonctionné.

La commission hospitalière nommée à Lille par la municipalité de cette ville, était à peine en fonctions qu'on vit éclater les conflits les plus violents entre les deux administrations. La commission hospitalière fut obligée d'en référer au Ministère de l'intérieur. Voici quelques extraits de sa lettre, qui porte la date du 4 nivôse an V :

Citoyen ministre, l'Administration municipale de cette commune nous a nommés, en vertu de la loi du 16 vendémiaire dernier, pour administrer, sous sa surveillance, les hospices civils. Nous devions donc compter sur sa confiance et sur son secours. Cependant, dès nos premiers pas, nous avons éprouvé des contradictions. Le choix même de notre Receveur a été improuvé... Notre intention est d'améliorer, le plus possible, le sort des pauvres ; mais, si nous sommes contrariés, tourmentés, entravés à chaque pas... nous serons réduits au vain désir d'opérer un bien que nous entrevoyons et qui serait notre seule récompense. Nous nous proposons au surplus, citoyen ministre, de réduire à 4 les 16 hospices qui existaient à Lille avant la Révolution [1]... Mais, avant d'exécuter ce projet nous désirons savoir s'il suffit qu'il soit adopté par les administrations départementale et municipale, ou s'il doit être soumis à votre approbation ?

Voici la réponse du ministre de l'intérieur, qui se trouve insérée dans le procès-verbal de la délibération de la commission du 28 nivôse an V :

Il est de principe que l'administration qui surveille ne peut pas administrer. L'esprit de la loi, en créant des commissions, a été de séparer entièrement le pouvoir administratif du pouvoir exécutif. Il n'y aurait point de responsabilité, si les deux pouvoirs se confondaient, et si les sujets qui doivent être admis dans les hospices n'étaient pas du choix libre de ceux qui administrent réellement. La municipalité peut surveiller ces choix, comme le département et le ministre, en dernière analyse, surveillent les actes des deux autorités.

---

[1] Dans le Mémoire justificatif du 20 floréal an V, la commission s'exprime ainsi : « Il est constant que l'hôpital général qui à lui seul exigeait une dépense de 250,000 livres, n'a pas maintenant 30,000 livres de revenu net. » On comprend, dès lors, la nécessité de réduire le nombre des hospices.

L'initiative des réformes et des réunions appartient à la commission ; mais elles ne peuvent avoir lieu qu'après avoir été soumises au corps municipal, ensuite au département qui les transmettra au ministre auquel appartient le droit de prendre les moyens nécessaires pour les ratifier définitivement. Ce serait intervertir tout ordre et manquer le but de la loi, si l'autorité surveillante ordonnait et ne faisait que charger la commission d'exécuter ses arrêtés.

La municipalité de Lille ne se tint pas pour battue. Le 27 ventôse, elle adressa au Directoire exécutif une véritable dénonciation contre la commission hospitalière. On en pourra apprécier l'esprit par le passage suivant :

Il est temps que ces contestations finissent ; il est temps que chacun connaisse en quoi consiste la surveillance donnée par la loi aux municipalités. Il faut enfin savoir si celles-ci sont les anciennes idoles à qui, pour les apaiser, on rendait un hommage ridicule, tandis qu'elles étaient despectées et comptées pour rien !...

Quatre mois après, l'administration hospitalière de Lille reçut la lettre suivante :

Paris, le 18 thermidor an V

LE MINISTRE DE L'INTÉRIEUR A LA COMMISSION ADMINISTRATIVE DES HOSPICES DE LILLE.

On m'a mis sous les yeux, citoyens, toutes les pièces relatives aux dénonciations que l'ancienne municipalité de votre commune a faites contre vous par la lettre qu'elle a écrite au Directoire exécutif le 27 ventôse dernier. D'après la connaissance que j'ai prise des faits contenus dans cette lettre, du mémoire en réponse que vous avez fourni, de la délibération de la nouvelle administration municipale et de l'avis du département du Nord, je pense que les dénonciations dirigées contre vous doivent être regardées comme destituées de fondement. J'éprouve un véritable plaisir en saisissant cette occasion de rendre justice à votre zèle et je suis persuadé des efforts que vous continuerez de faire pour justifier la confiance que vous m'avez inspirée.

Signé : FRANÇOIS DE NEUFCHATEAU.

Cette réponse, si honorable pour le ministre qui l'a signée, donna gain de cause à la commission et la récompensa du zèle courageux qu'elle avait déployé dans la défense de ses droits. Nous sommes heureux de montrer, par cet exemple, à l'administration charitable de Lille combien elle était fidèle à ses traditions, lorsqu'elle maintenait naguère avec tant d'énergie, malgré les dénonciations d'un

conseil municipal aussi jacobin que celui de l'an V, le droit que lui
assurent les lois des 7 août 1851 et 12 juillet 1875, de confier le
traitement de ses indigents malades aux médecins de son choix [1].

Mais il faut croire que, dans les autres villes, les commissions
hospitalières ne surent pas résister, aussi bien qu'à Lille, aux exigences tracassières, à l'esprit exclusif et jaloux des municipalités, car le Gouvernement Directorial se vit obligé d'assurer aux
commissions une protection plus efficace. La loi du 16 messidor
an VII soumit les choix des municipalités à l'approbation de l'administration centrale du département, et décida que « toute destitu-
tion prononcée ne pourrait avoir son effet qu'autant qu'elle serait
approuvée par l'administration centrale du département, et confir-
mée par le ministre de l'intérieur (art. 5). »

Le Gouvernement Consulaire n'hésita pas à affranchir l'administration charitable de la tutelle ombrageuse des municipalités, en leur
enlevant la surveillance des hospices pour la donner aux sous-préfets (art. 9 de la loi du 28 pluviôse an VIII, 17 février 1800).

Mais ce qu'on ignorait généralement, c'est que la nomination
des commissions fut enlevée du même coup aux administrations
municipales, ainsi qu'on peut s'en convaincre par le document
ci-après :

LE PRÉFET DU DÉPARTEMENT DU NORD AU SOUS-PRÉFET DE LILLE.

On a provoqué, citoyen sous-préfet, la décision du ministre sur la
question de savoir si la nomination des commissions administratives
des hospices appartenait aux sous-préfets. Il a prononcé affirmative-
ment sur cette question, attendu que, d'après les lois du 16 vendémiaire an V et 16 messidor an VII, il ne doit y avoir qu'une seule et
même commission pour les hospices situés dans un canton et que la
nomination en a été déléguée par ces lois aux administrations municipales dont les attributions sont aujourd'hui confiées aux sous-préfets
par l'art. 9 de la loi du 28 pluviôse dernier.

Cette disposition doit s'appliquer aux nominations et à la surveillance des Bureaux de bienfaisance.

Pour copie conforme :

Le sous-préfet de l'arrondissement de Lille : signé : SCRIVE.

Douai, le 12 messidor an VIII de la République Française.

---

[1] Nous devons à une obligeante communication de M. Houzé de l'Aulnoit,
l'un des administrateurs les plus zélés des hospices de Lille, les intéressants
documents que nous venons de mettre sous les yeux du lecteur.

Le régime préconisé par M. Plessier n'a donc été appliqué que pendant deux années. Si l'on veut savoir ce que deviendraient nos établissements charitables sous la direction des *corps municipaux*, qu'on lise les rapports des conseillers d'Etat chargés de l'enquête faite en l'an IX, sur la situation de la République [1]. Il faut dire, d'ailleurs, qu'à cette époque la détresse financière des hospices était à son comble. Pour en donner une idée, il suffira de citer quelques lignes d'un auteur dont le nom fait autorité dans l'histoire de l'administration charitable.

Les hospices que l'on croyait indemnisés parce qu'ils devaient l'être, et comme tels ne recevant plus aucun secours de l'Etat, se trouvaient dans une pénurie encore plus grande qu'auparavant.

Ils y restèrent jusqu'à la fin du siècle. En 1798, le ministre avouait que le Trésor public n'avait pu encore leur procurer le supplément nécessaire. Une loi ordonna que la moitié des sommes qui seraient recouvrées sur le principal des contributions personnelle, mobilière et somptuaire, serait successivement, et tous les dix jours, mise à la disposition du ministre de l'intérieur pour servir uniquement à la dépense des hospices. Cette loi était le résultat de deux messages successifs adressés aux Corps législatif pour lui faire connaître la dette énorme qui pesait sur les établissements de charité; mais elle resta sans exécution. Les hospices ne pouvaient même payer la contribution foncière du peu de biens qu'on leur avait rendus. Le 20 janvier 1799 (1er pluviôse an VII), le ministre de l'intérieur déclarait que la détresse était à son comble [2].

D'après les documents que nous avons sous les yeux, les arrêtés des sous-préfets pour la nomination des commissions administratives des hospices et des bureaux de bienfaisance, étaient soumis à l'approbation préfectorale. Vers la fin de l'an X, le droit de nomination fut attribué directement aux préfets, ainsi qu'on peut le voir par un arrêté du 7 fructidor an X, conservé aux archives hospitalières de Rouen et par lequel M. Beugnot, alors préfet de la Seine-Inférieure, nomma une commission de cinq membres pour administrer les hospices de cette ville. En notifiant cet arrêté aux administrateurs démissionnaires, il s'exprimait en ces termes :

Quand la nouvelle organisation qui se prépare aura séparé l'administration des hospices en conseil et en directoire d'exécution, je compterai sur vous pour reprendre des places dans le conseil [3].

[1] Félix Rocquain, *l'Etat de la France au 18 brumaire*. Paris, Didier.
[2] Le baron Dupin, *Histoire de l'administration des secours publics*, p. 484.
[3] Nous devons ce document à M. Maupas, secrétaire de la Commission.

Cette lettre nous explique le remaniement presque général qui fut opéré, en l'an XI, dans l'administration hospitalière. En consultant les archives d'Angers, nous avons trouvé deux arrêtés du préfet de Maine-et-Loire : le premier à la date du 27 ventôse an XI, créant un *Conseil général d'administration* et une *Commission administrative* ; le second, daté du 30 du même mois, désignant, pour composer le conseil général, l'évêque d'Angers, le président du tribunal d'appel, et dix citoyens choisis parmi les notabilités de la ville ; et nommant, comme membres de la commission administrative, les citoyens :

Dupont, ancien secrétaire de la mairie ;

Maillet, ancien percepteur des contributions ;

Barelhier, secrétaire de l'ancienne administration hospitalière.

Cette nouvelle organisation, que l'on retrouverait sans doute dans d'autres grandes villes, en faisant des recherches dans leurs archives, ne produisit pas, au moins à Angers, les résultats qu'on en attendait. Un nouvel arrêté du préfet de Maine-et-Loire, daté du 14 nivôse an XIII, supprima le conseil général des hospices d'Angers et son bureau d'exécution, pour rétablir, comme auparavant, une commission administrative exerçant directement son action sur les services hospitaliers.

Enfin, le décret impérial du 7 germinal an XIII, vint fixer le système d'organisation inauguré en France, pour l'administration charitable, par la loi du 28 pluviôse an VIII, en décidant que, « les membres des commissions administratives des hospices et des bureaux de bienfaisance seraient nommés par le ministre, sur l'avis du préfet et d'après une liste de cinq candidats présentés, pour chaque vacance, par l'administration charitable. »

IV. — ORGANISATION ACTUELLE DE L'ADMINISTRATION CHARITABLE.

La centralisation administrative, commencée par Louis XI et généralisée par Louis XIV, avait respecté, dans une certaine mesure, les anciennes traditions et les libertés locales, surtout en ce qui concerne les fondations charitables. L'Edit de 1698, que nous avons rapporté plus haut, ne prescrivait aucune règle uniforme pour l'administration des établissements hospitaliers. Les *bureaux de direction*, formés de directeurs nés et de directeurs élus, administraient les hospices et hôpitaux d'après des règlements particuliers à chaque établissement, approuvés par l'évêque diocésain, sanctionnés par les représentants de l'autorité royale. Tous ces règlements sont empreints de l'esprit de la charité chrétienne ; nous en pourrions citer qui sont de véritables monuments de piété et de sagesse. Sous ce régime tutélaire, la charité était partout florissante, lorsque la Révolution est venue déraciner cet arbre séculaire, qui couvrait la France de ses bienfaisants rameaux.

Après que l'ouragan révolutionnaire eut réduit la vieille société en poussière, le premier Consul eut recours à la centralisation la plus énergique pour rétablir l'ordre social si profondément ébranlé. Ce « régime tyrannique » dont M. Plessier se plaint si vivement dans son rapport (p. 17 et 28), n'avait-il pas été préparé par les folies égalitaires des Constituants de 1791 et des Conventionnels de 1793, qui avaient tout détruit : les institutions provinciales et les franchises municipales, les universités libres, les communautés religieuses et les corporations d'arts et métiers ; qui avaient chassé le clergé, fermé les églises et les monastères ; qui avaient poussé leur rage de destruction jusqu'à vouloir supprimer les hôpitaux, les hospices et les bureaux de charité ?

Pour nous borner à la question qui nous occupe, il faut bien faire remarquer que la Révolution avait profondément modifié le caractère de nos établissements charitables par la vente de leurs biens, qui avait obligé l'État à prendre à sa charge, comme nous l'avons vu, le soulagement des pauvres. Dans une circulaire adressée aux préfets, le 2 prairial, an VIII (22 mai 1800), par le Ministre de l'intérieur (Lucien Bonaparte), nous trouvons ce nouveau caractère des établissements hospitaliers nettement déterminé.

Les hospices sont des établissements d'*utilité générale*, et leurs administrateurs ne sont que des agents du gouvernement. Ce principe est consacré par les lois des mois de décembre 1789 et janvier 1790, relatives aux attributions des corps administratifs. Le soin de pourvoir à leurs besoins est une dette nationale ; et, à cet effet, le corps législatif, par les décrets des 10 prairial an V (29 mai 1797), 22 frimaire an VI (12 décembre 1797) et 11 brumaire an VII (1er novembre 1798) a mis à ma disposition des fonds destinés à pourvoir à l'insuffisance des biens rendus à ces établissements...

Sans aller jusqu'à regarder les administrateurs des hospices comme des « agents du gouvernement, » nous devons reconnaître que ces établissements ont perdu, depuis la Révolution, le caractère local qu'ils avaient conservé sous l'ancienne monarchie. Nous regrettons profondément la chute de cette société chrétienne où les innombrables fondations de la charité privée suffisaient au soulagement de toutes les misères ; mais si légitimes que puissent être ces regrets, il n'en est pas moins évident que l'assistance des malades et des infirmes indigents est devenue un service public.

Pour justifier le caractère *d'utilité générale* attribué aux hospices par le gouvernement Consulaire, il suffit de rappeler, en peu de mots, les obligations qui leur sont imposées par la législation nouvelle.

Par la loi du 27 frimaire an V, il avait été ordonné que « les *enfants abandonnés* seraient reçus gratuitement dans tous les hospices civils de la République, » et que « le trésor national fournirait à la dépense de ceux qui seraient portés dans des hospices qui n'ont pas de fonds affectés à cet objet. » En vertu de l'arrêté du 30 ventôse an V, les commissions administratives étaient spécialement chargées, du placement des enfants trouvés à la campagne et de la surveillance de leur éducation. La loi du 15 pluviôse an XIII déféra la tutelle des enfants trouvés aux commissions hospitalières. Enfin, le décret du 19 janvier 1811 créa un tour, pour l'admission des enfants abandonnés, dans chacun des hospices désignés pour les recevoir, en chargeant ces établissements du paiement des layettes et de toutes les dépenses intérieures relatives à la nourriture et à l'éducation. A l'époque où ce décret fut mis en vigueur, le nombre des enfants à la charge de l'Etat et des hospices s'élevait déjà à soixante mille [1] et constituait ainsi, entre les mains des administrateurs des hospices, un service public très-important. Il est vrai que la loi du 5 mai 1869 a exonéré les hospices de la dépense des enfants trouvés, en la transférant aux départements ; mais cette loi n'a point retiré aux préfets le droit qui leur appartient de déclarer *dépositaire* tel ou tel hospice de leur département, et les hospices dépositaires restent soumis, en cette qualité, à certaines obligations morales et même pécuniaires. De plus, tous les hospices doivent consacrer aux enfants assistés le montant intégral des fondations faites en leur faveur. Enfin, les commissions administratives conservent la tutelle des enfants admis dans les hospices, à quelque titre que ce soit, jusqu'à ce qu'ils aient atteint leur majorité.

Avant que notre législation eût statué sur le sort des *aliénés* indigents, en les mettant à la charge des départements, ils ont été, pendant longtemps, admis et traités dans les hospices, ou du moins dans un certain nombre d'établissements hospitaliers dont les administrateurs, par un sentiment d'humanité, acceptaient spontanément cette lourde charge. D'après l'article 24 de la loi du 30 juin 1838, « les hospices et hôpitaux civils sont tenus de recevoir provisoirement les aliénés qui leur sont adressés par l'autorité compétente,

---

[1] *Rapport au Roi sur les hospices, etc.*, par M. de Gasparin, Ministre de l'intérieur. Imp. Royale, 1837.

jusqu'à ce qu'ils soient dirigés sur l'établissement spécial destiné à les recevoir. Dans toutes les communes où il existe des hospices ou hôpitaux, les aliénés ne peuvent être déposés ailleurs que dans ces établissements. »

Avant la création des infirmiers dans les prisons, les *détenus* malades étaient traités dans les hôpitaux qui devaient réserver un certain nombre de lits pour cette catégorie de malades. Aujourd'hui encore, dans beaucoup d'établissements hospitaliers, ce service a une certaine importance et donne lieu, pour les commissions administratives, à une surveillance spéciale.

La loi du 19 ventôse an XI (10 mars 1803), qui, la première, a réglé l'exercice de la médecine, a ordonné « qu'en outre de l'instruction donnée dans les écoles de médecine, il fût établi dans l'hospice le plus fréquenté de chaque département, un cours annuel et gratuit d'accouchement théorique et pratique, destiné plus particulièrement aux sages-femmes '(art. 30). Aujourd'hui, les hôpitaux de tous les chefs-lieux de département, ont une *école de maternité*, placée sous la surveillance de la commission administrative, et entretenue aux frais du budget départemental.

Un arrêté du ministre de l'intérieur (Lucien Bonaparte), en date du 9 floréal an VIII, décida que « le service médical de l'hospice civil de Montpellier serait fait exclusivement par les professeurs de l'Ecole de médecine de cette ville, exerçant la clinique dans l'hospice. » Par décret impérial du 31 mai 1807, des cours pratiques de médecine et de chirurgie furent établis dans l'hôpital civil et militaire d'Angers, et spécialement destinés à l'instruction des officiers de santé. Ces cours furent organisés par les soins de l'administration des hospices, qui en fit tous les frais. La dépense moyenne, de 1807 à 1840, s'éleva, pour le traitement des professeurs et les frais d'entretien de l'École, à 3,700 francs environ par an ; mais cette dépense fut couverte, en grande partie, par les inscriptions des élèves, qui produisirent, chaque année, en moyenne, 2,500 francs[1]. C'est ainsi que furent créées successivement, dans plus de cinquante villes, grâces au concours dévoué des administrations hospitalières, les *Ecoles secondaires de médecine et de pharmacie* qui ont rendu de si grands services à l'enseignement médical, tout en améliorant le traitement des malades admis dans nos hôpitaux. Aux termes de l'art. 9 de l'ordonnance royale du 13 octobre 1840, « l'administration des hospices de chaque ville où

---

[1] Nous devons tous les renseignements relatifs aux hospices d'Angers à l'obligeante érudition de M. Léon Cosnier, membre de la Commission administrative, qui a bien voulu nous venir en aide par ses utiles recherches dans les archives hospitalières et municipales.

existe une école préparatoire, est tenue de fournir, pour le service de la clinique médicale et chirurgicale de ladite école, une salle de cinquante lits au moins. » La loi du 12 juillet 1875, qui a consacré la liberté de l'enseignement supérieur, autorise les commissions hospitalières à mettre un certain nombre de lits à la disposition des Facultés libres de médecine pour l'organisation de leurs cliniques.

Parmi les services hospitaliers, un des plus importants est celui des *malades militaires,* qui existe de temps immémorial, mais qui a été réglementé pour la première fois, d'une manière générale, par un édit de Louis XVI, à la date du 20 juillet 1788. Un projet de loi, déjà voté par la Chambre des députés, et qui vient d'être adopté par le Sénat, réorganisera bientôt les services hospitaliers de l'armée. En attendant sa mise à exécution, qui aura pour effet de confier aux soins de nos administrations hospitalières un plus grand nombre d'officiers et de soldats, nous pouvons donner une idée de l'importance actuelle du service militaire dans nos hôpitaux civils, en constatant que treize mille six cent soixante-seize lits y sont tenus en réserve pour les besoins sanitaires des garnisons, et qu'en 1876, on a relevé, pour cent quatre-vingt-un hôpitaux, un nombre total de 1,528,000 journées de maladie [1].

Enfin, il ne faut pas oublier que les hospices, depuis la loi du 24 vendémiaire an II, devaient admettre, *sans condition de domicile,* « les vieillards indigents à partir de l'âge de soixante-dix ans (art. 16), les infirmes hors d'état de gagner leur vie (art. 17) et les malades sans ressources (art. 18). L'application de ces dispositions ayant donné lieu à des difficultés sans nombre, la loi du 7 août 1851 a nettement défini les obligations des administrations hospitalières qui sont tenues :

1° D'admettre, sans condition de domicile, tous les indigents *tombés malades dans la commune;*

2° De recevoir les malades et incurables indigents des communes dépourvues d'établissements hospitaliers, moyennant un prix de journée fixé par le préfet d'accord avec la commission hospitalière.

La même loi donne aux conseils généraux le droit de désigner, sur la proposition du préfet, les communes qui pourront, moyennant le paiement de ce prix de journée, faire admettre leurs malades et incurables dans l'hospice ou hôpital choisi pour desservir la circonscription.

Voilà, sauf erreur ou omission, les divers services publics qui

---

[1] *Situation du service militaire,* au 1er janvier 1877, dans les hôpitaux des villes dont la garnison est au moins de 300 hommes. Publication du Ministère de l'intérieur, Imp. nationale.

confèrent à nos établissements hospitaliers le caractère d'*utilité générale* qui leur a été si justement attribué par le Gouvernement Consulaire. Ce serait aller trop loin cependant que de regarder les administrateurs des hospices comme des « agents du gouvernement (circ. de Lucien Bonaparte). » La Restauration comprenait mieux leur véritable caractère, lorsqu'elle expliquait aux préfets, sous le ministère de M. Lainé, comment elle envisageait la mission et les droits des commissions hospitalières.

CIRCULAIRE DU MINISTRE DE L'INTÉRIEUR AUX PRÉFETS

Paris, le 28 juin 1816.

... Sans doute, les dispositions prescrites par le Ministre des finances pour la vérification de la comptabilité des hospices et le placement de leurs fonds libres à la caisse de service, ont eu pour objet l'intérêt de ces établissements ; mais, ainsi que je viens de le représenter à Son Excellence, les hospices et établissements de charité ne peuvent être assimilés, pour la vérification de leurs caisses et de leur comptabilité, aux autres établissements publics. *Ces établissements ont des revenus propres, qui forment le patrimoine des pauvres ; la régie de ce patrimoine sacré est confiée à des administrations charitables et paternelles*, et, pour respecter les intentions de ceux qui l'ont fondé, pour appeler les bienfaits de ceux qui peuvent l'accroître, on doit laisser à ces administrations, dans leurs nobles fonctions, toute la liberté compatible avec les lois et avec les véritables intérêts des pauvres. Ainsi, le placement des fonds libres des hospices à la caisse de service doit toujours rester facultatif, et c'est aux commissions administratives à se déterminer pour le placement, lorsqu'il leur paraîtra avantageux pour les établissements confiés à leur surveillance.

Le *Sous-Secrétaire d'Etat,*
BECQUEY.

Mais, en dehors des obligations générales qui tiennent leur porte ouverte à toutes les catégories de malades et d'infirmes, les hôpitaux et les hospices n'en restent pas moins affectés principalement aux besoins des indigents de la commune où ils sont établis. Aussi est-il juste d'assurer, dans leur administration, une part légitime à l'élément municipal.

Après que la loi du 28 pluviôse an VIII (17 février 1800) eut enlevé aux municipalités la surveillance des établissements hospitaliers pour la confier aux sous-préfets, des réclamations s'élevèrent. Le Gouvernement Consulaire y répondit par la circulaire du 9 floréal an IX.

... En maintenant aux sous-préfets la surveillance, il me paraît juste de reconnaître comme *membres-nés* de l'administration des hospices les maires des lieux où ils sont situés. Ils doivent en avoir la présidence, et en cas de partage, leur voix doit être prépondérante.

Ces principes viennent d'être consacrés par un arrêté du 29 germinal dernier (19 avril 1801), relatif à l'organisation des comités de bienfaisance de la Ville de Paris, qui désormais exerceront leurs fonctions sous la présidence du maire de chaque arrondissement municipal.

Le Ministre de l'Intérieur,
CHAPTAL.

Ces dispositions, toujours maintenues depuis lors, ont été confirmées par la loi du 24 mai 1873 : en accordant les mêmes priviléges à l'adjoint qui remplace le maire absent ou empêché, elle assure à l'administration municipale le droit d'être toujours représentée dans les commissions hospitalières.

De plus, en vertu de la loi du 7 août 1851, les conseils municipaux donnent leur avis sur tous les actes importants de l'administration charitable, qui se trouve ainsi soumise à leur contrôle. Telle est la part sagement faite à l'élément municipal : elle est assurément suffisante pour garantir les droits des indigents de la commune, alors surtout que le conseil municipal peut subordonner le paiement de ses subventions à toutes les conditions qu'il juge nécessaires au point de vue des intérêts locaux.

Il nous reste à montrer la part faite à l'élément religieux dans l'administration actuelle des établissements charitables.

Rendons justice au Gouvernement Consulaire : il n'hésita pas à se rendre aux désirs manifestés de tous côtés par les populations qui éprouvaient le besoin de se tourner vers Dieu, après avoir souffert, en quelques années, tous les maux que peuvent enfanter l'orgueil et la malice des hommes. En voyant les ruines amoncelées par la Révolution, le premier Consul avait compris que la meilleure manière de relever la société française et de guérir ses plaies, c'était d'appeler à son aide la religion et la charité. Après avoir rouvert les églises et rétabli le ministère ecclésiastique, le premier Consul rappela les Filles de Saint-Vincent de Paul et les autres congrégations religieuses de femmes vouées au service des pauvres.

Un arrêté du 11 fructidor an XI (29 août 1803) régla « le traitement des vicaires, chapelains et aumôniers attachés à l'exercice du culte dans les établissements d'humanité. » Déjà la loi du 18 germinal an X (8 avril 1802), après avoir exigé l'autorisation du gouvernement pour le rétablissement ou le maintien de l'exercice du culte dans les hospices, avait attribué la nomination des aumôniers à l'évêque diocésain (art. 63).

L'arrêté consulaire du 29 germinal an IX, qui a réuni l'administration des bureaux de bienfaisance à celle des hospices, dans la ville de Paris, est le premier acte officiel qui constate la rentrée des Sœurs hospitalières.

ART. 4. — Les comités de bienfaisance de chaque arrondissement seront secondés dans l'exercice de leurs fonctions par des Filles de Charité, dont le nombre est fixé par le ministre de l'intérieur sur la proposition du conseil d'administration des hospices.

ART. 5. Les Filles de Charité sont spécialement chargées, sous l'inspection des comités, de l'assistance et du soulagement des pauvres malades de chaque arrondissement, de l'assistance des enfants en bas âge, et de la distribution des linges, lits, habits, meubles et autres choses qui, par l'usage et la bienséance, ne peuvent être dirigées que par elles.

ART. 6. Il y a dans chaque arrondissement municipal une marmite des pauvres et un dépôt de médicaments. La direction en est confiée aux Filles de Charité.

Le premier Consul :
BONAPARTE.

Dans la circulaire de nivôse an X, le Ministre de l'intérieur (Chaptal) disait aux préfets, en leur donnant des instructions pour l'organisation des bureaux de bienfaisance : « Ces bureaux doivent être composés de personnes riches et considérées. Elles seront aidées, dans leurs utiles fonctions, par la charité douce et active des sœurs hospitalières attachées au comité [1]. »

Les « Filles de Charité » étaient donc déjà rétablies dans l'exercice de leur mission charitable, lorsque le Gouvernement Impérial se décida à régulariser la situation légale des congrégations hospitalières. Celle des Filles de Saint-Vincent de Paul fut la première à obtenir l'existence civile (arrêté du 24 vendémiaire an XI). Vint ensuite le décret collectif du 3 messidor, an XII qui permit « aux congrégations connues sous les noms de *Sœurs de la Charité*, de *Sœurs hospitalières*, de *Sœurs de Saint-Thomas*, de *Sœurs de Saint-Charles* et de *Sœurs Vatelottes*, de continuer à exister en conformité des arrêtés des 1er nivôse an IX, 24 vendémiaire an XI et des décisions des 28 prairial an XI et 22 germinal an XII, à la charge, par lesdites agrégations, de présenter, sous le délai de six mois, leurs statuts pour être vus et vérifiés en conseil d'État [2]. »

---

[1] *Recueil des circulaires du Ministère de l'intérieur*, t. Ier, p. 179.
[2] *Bulletin des lois*, t. Ier de la 4e série, p. 99.

Le décret impérial du 18 février 1809 acheva de régulariser l'état légal des congrégations hospitalières, en fixant les conditions de leur participation au service des hôpitaux et des bureaux de bienfaisance. La plupart de ses dispositions sont encore en vigueur aujourd'hui.

Les consolations religieuses, plus puissantes que tous les secours humains pour adoucir leurs maux, étaient donc rendues aux pauvres assistés par la charité publique. Mais le clergé attendait toujours la réparation qui lui était due : le Consulat et l'Empire l'avaient laissé en dehors de l'administration charitable. La Restauration aurait manqué à toutes ses traditions en ne lui rendant pas la place qui lui appartient dans les établissements dont il a été le premier fondateur.

L'ordonnance royale du 2 juillet 1816, qui a réglementé l'organisation des bureaux de bienfaisance de Paris, en établissant un bureau par arrondissement, y appela le curé de la paroisse comme membre de droit.

L'ordonnance du 6 février 1818 ne fit cependant que confirmer les dispositions du décret impérial du 7 germinal an XIII pour la nomination des commissions administratives des hospices et des bureaux de bienfaisance, en faisant un pas dans la voie de décentralisation. En vertu de cette ordonnance, la nomination n'appartenait plus au ministre de l'intérieur que dans les villes dont les maires étaient à la nomination du Roi. Dans toutes les autres communes, elle était transférée aux préfets, sur présentation, par les commissions, d'une liste de trois candidats pour chaque place vacante. Mais l'ordonnance du 31 octobre 1821 institua, à côté des commissions administratives, des *conseils de charité* avec des membres de droit parmi lesquels on voit figurer en première ligne les *archevêques* et *évêques*, puis les premiers présidents et procureurs généraux des cours royales, les présidents des tribunaux de commerce, les recteurs des Académies, *le plus ancien des curés*, les présidents des consistoires, etc. C'était, en tenant compte des changements introduits par la Révolution dans la hiérarchie sociale, un véritable retour au régime de Louis XIV. L'ordonnance de 1821, qui avait tant de ressemblance avec l'édit de 1698, ne changeait rien, d'ailleurs, au mode de nomination et de renouvellement des commissions administratives.

Cédant aux passions antireligieuses qui entraînaient la classe moyenne, au moment de la chute de la Restauration, le Gouvernement de Juillet eut la faiblesse de supprimer les *conseils de charité*, sous le prétexte que cette institution « n'avait pas atteint le but qu'on s'en était promis (*sic*) ; » mais, en réalité, pour écarter le clergé de l'administration charitable. Ce qui le prouve, c'est que l'ordonnance dont nous parlons est du 2 avril 1831, et que, par une autre ordonnance, du 29 du même mois, l'organisation des bureaux de bienfaisance de Paris fut modifiée de manière à mettre de côté les curés des paroisses et des succursales, qui en étaient membres de droit depuis l'ordonnance du 2 juillet 1816.

On laissa subsister, telles qu'elles étaient, les commissions administratives, en maintenant, par la circulaire du 16 septembre 1830, l'ordonnance du 6 juin 1830 par laquelle le gouvernement de Charles X, décentralisant de plus en plus l'administration charitable, ne réservait à la nomination du ministre de l'intérieur que les commissions dont il réglait les budgets, c'est-à-dire celles des hospices et des bureaux de bienfaisance ayant plus de cent mille francs de revenus ordinaires.

Le second Empire, qui ménageait trop souvent les préjugés populaires pour se rendre plus favorable le suffrage universel, n'eut pas le courage de rappeler le clergé dans les commissions administratives. Afin de permettre aux préfets de modifier le personnel des administrateurs suivant les exigences du moment, un décret rendu le 23 mars 1852, pendant la période dictatoriale, avait dépouillé les commissions du droit de présentation. Mais il faut rendre cette justice au gouvernement de Napoléon III que les choix qui ont eu lieu pendant les dix-huit années de son règne, ont été excellents en général. Les préfets de l'Empire, à de rares exceptions près, n'ont point perdu de vue les sages instructions de la circulaire du 5 mai 1852 qui leur recommandait « de se préoccuper avant tout, dans leur choix, de l'intérêt des pauvres [1]. » Le décret du 23 mars 1852 avait, d'ailleurs, fait le dernier pas dans la voie de la décentralisation, en laissant aux préfets la nomination de toutes les commissions sans exception.

Après avoir recherché longtemps, dans une discussion sage et approfondie, quel était le meilleur mode de composition et de nomination des commissions administratives, l'Assemblée nationale maintint, par la loi du 21 mai 1873, le système qui régnait en France depuis le rétablissement de l'ordre social. Elle n'hésita pas à suivre l'exemple de la Restauration, en rappelant le clergé dans l'administration de nos établissements de bienfaisance. Aucune objection n'osa s'élever après le magnifique discours de l'évêque d'Orléans qui fit consacrer cette réparation, si légitime, par une majorité de 446 voix. En présence de cette éclatante manifestation de la reconnaissance

[1] Baron de Watteville, *Législation charitable*, t. II, p. 171.

nationale envers les bienfaiteurs des pauvres, la Gauche eut le bon goût de s'abstenir.

L'Assemblée nationale, pour témoigner sa confiance aux commissions administratives, leur rendit le droit de présentation qui les met à l'abri des variations, trop fréquentes, de l'autorité qui nomme, en garantissant l'impartialité, l'esprit de suite et la tradition si nécessaires à la charité publique.

Ainsi organisée, avec le concours du clergé et des congrégations hospitalières, notre administration charitable réunit toutes les conditions qui peuvent assurer son indépendance et faciliter sa mission. La meilleure preuve de la confiance qu'elle inspire, c'est que, depuis le commencement du siècle, les hospices et les bureaux de bienfaisance ont reçu, à eux seuls, des dons et des legs dont le total s'élève à plus de TROIS CENTS MILLIONS DE FRANCS [1]. Le patrimoine des pauvres, si vite dissipé par la Révolution, se reconstitue donc avec une consolante rapidité; mais, pour ne pas compromettre cet heureux résultat, il importe essentiellement que des innovations funestes ne viennent pas bouleverser nos commissions administratives et dénaturer le caractère de notre charité publique.

V. — L'ADMINISTRATION CHARITABLE ET LA POLITIQUE RADICALE.

En adoptant la proposition de M. Plessier, qui confère aux conseils municipaux le droit de nommer les administrateurs des hospices et des bureaux de bienfaisance, en choisissant l'auteur de cette proposition pour rapporteur, la commission nommée par la majorité de la Chambre des députés a reconnu en M. Plessier l'organe de ses doctrines, le défenseur de ses projets bien arrêtés en ce qui concerne l'organisation de l'administration charitable. Examinons donc, à la double lumière de l'histoire et du droit, les motifs invoqués par le rapporteur à l'appui de sa proposition.

---

[1] On peut voir, au Ministère de l'intérieur, deux énormes registres grand in-folio, présentant le tableau de tous les dons et legs faits en faveur des hospices et des bureaux de bienfaisance, depuis 1800 jusqu'à 1845. On a indiqué le nom des bienfaiteurs, le montant de chaque libéralité, ainsi que l'établissement bénéficiaire et la date de l'acte d'autorisation. C'est vraiment le Livre d'or de la bienfaisance publique, et il est regrettable que cette précieuse statistique n'ait pas été continuée. Nous avons pu toutefois, compléter, à peu près, le produit total des libéralités charitables au moyen des renseignements fournis par les enquêtes de l'Inspection générale des établissements de bienfaisance.

1° *La nomination des administrateurs des hospices n'a pas cessé d'appartenir aux communes, depuis le jour où les ecclésiastiques ont été exclus de ces établissements jusqu'à la Révolution* (Rapport, p. 26.)

Nos lecteurs savent à quoi s'en tenir sur cette prétendue exclusion du clergé par le concile de Vienne. Ils ont pu voir également, en lisant notre second chapitre, s'il est vrai que l'administration des hospices ait appartenu, d'une manière générale, aux communes avant la Révolution. M. Plessier nous permettra de dire qu'il n'a pas su discerner le véritable caractère des ordonnances de réformation rendues, de Louis XI à Louis XIII, non pas pour accroître les attributions communales, mais uniquement pour assurer la main-mise du pouvoir civil sur les établissements charitables, jusque-là placés sous la juridiction ecclésiastique [1].

Tout le monde sait qu'à cette époque de droit coutumier, chaque hospice ou hôpital était administré d'après des règles qui variaient suivant le caractère de sa fondation. Et pour juger de la diversité des régimes auxquels les établissements hospitaliers étaient soumis, il suffira de mettre la statistique suivante sous les yeux du lecteur [2].

Nombre des hospices de fondation royale. 181
—   —   fondés par les particuliers. . . . 810
—   —   — par le clergé.   304
—   —   — par les communes. . . .   43
—   —   dont les fondateurs sont inconnus. 145

Il n'y avait donc, avant 1789, qu'un très-petit nombre d'hospices appartenant aux communes et pouvant, dès lors, se trouver placés sous la juridiction des maires ou échevins. L'édit de 1698, qui a été appliqué, sauf certaines exceptions, à la généralité des établissements hospitaliers, leur assurait, comme nous l'avons vu, une administration tout à fait indépendante des corps municipaux.

2° *Ces deux dernières lois* (des 16 vendémiaire an V, et 16 messidor an VII) *rétablissaient les communes dans les attributions que leur avaient données l'édit de 1561 et celui de 1577* (Rapport, p. 17).

---

[1] Le caractère de ces ordonnances a été parfaitement mis en lumière par M. Léon Lallemand dans l'excellente étude publiée, sur le sujet qui nous occupe, par le *Contemporain* du 1er mai dernier.

[2] Ces 1483 établissements ont été recensés dans le *Rapport sur les hôpitaux et hospices*, publié en 1869, par les soins de l'Inspection générale des établissements de bienfaisance. On ignore malheureusement le nombre exact de ceux qui existaient avant la Révolution. Beaucoup d'hospices ont disparu à la suite de la vente de leurs biens.

Ce régime hospitalier-municipal n'a pu durer deux ans, sans donner lieu aux graves difficultés dont nous avons retrouvé la trace et qui obligèrent le Directoire lui-même à en atténuer les inconvénients par la loi du 16 messidor an VII. On conviendra qu'un semblable précédent n'est pas fait pour recommander le système auquel voudraient nous ramener MM. Plessier, Tiersot, Buyat, Chantemille, Boulard et autres illustrations de la gauche républicaine !

3° *N'est-ce pas aux communes, représentées par les conseils municipaux, qu'il appartient de pourvoir à la gestion des biens communaux! Ne faut-il pas placer au premier rang de ces biens les établissements de bienfaisance* (Exposé des motifs, p. 4) ?

Nous avons vu tout à l'heure que, sur les 1483 hospices existant en 1869, 43 seulement avaient été fondés par les communes. De quel droit déclarerait-on les 1440 autres propriétés communales ? Ce serait une véritable confiscation, puisque les établissements hospitaliers ont toujours eu, dans notre pays, une existence indépendante, une dotation propre, une comptabilité distincte.

Cette vérité a été mise hors de contestation par M. de Melun dans la discussion de la loi du 21 mai 1873 [1]. En nous rappelant ce qui est advenu des biens des hospices et autres établissements charitables, après qu'ils eurent été déclarés propriétés *nationales*, en 1793, il nous serait bien permis de redouter le même sort pour leur dotation actuelle, si nos législateurs démocrates de 1877 la déclaraient propriété *communale*. Depuis que la proposition est venue menacer l'existence des commissions administratives, nous avons entendu plusieurs de leurs membres exprimer la crainte de voir, en cas d'adoption du projet, les conseils municipaux réclamer l'aliénation des biens hospitaliers sous prétexte d'accroître les revenus et de diminuer les frais d'administration, mais en réalité pour se dispenser d'accorder des subventions aux hospices.

Ce n'est pas que les allocations votées par les communes en faveur des établissements de bienfaisance soient aussi considérables qu'on le croit généralement. En 1874, sur une recette totale de 62,518,906 fr., on ne voit figurer que 4,859,160 fr. de subventions municipales dans les comptes des hospices. Les 13,723 bureaux de bienfaisance, existant en 1871, n'ont reçu des communes que 5,858,596 fr. sur une recette totale de 31,846,406 fr. [2]. Si l'on

---

[1] Voir notamment le compte-rendu de la séance du 23 mai 1873, dans le *Journal officiel* du 24, p. 3458.

[2] Rapport de l'Inspection générale sur les bureaux de bienfaisance. Imp. nationale, 1874. — Paris n'est pas compris dans les chiffres donnés ci-dessus.

mettait en regard de ces allocations les sommes dépensées par les
établissements charitables au profit de la population indigente
des villes où ils fonctionnent, on verrait combien les subventions
municipales sont minimes par rapport aux services rendus. Ajoutons enfin que le plus grand nombre des hospices ne sont pas sub-
ventionnés par les communes.

4° *En introduisant de plein droit le Curé dans ces commissions,*
l'article 1ᵉʳ de la loi du 21 mai 1873 a créé un privilége nouveau
qui n'a aucune raison d'être... La bienfaisance qu'inspire l'a-
mour du prochain est indépendante des cultes (Exposé des motifs, p. 3.)

M. Plessier oublie que l'*amour du prochain* n'existait qu'à
l'état d'abstraction philosophique avant le Christianisme, ainsi que
Mgr l'Evêque d'Orléans l'a si éloquemment rappelé aux applau-
dissements de la grande majorité chrétienne de l'Assemblée nationale. Nous avons montré nous-même, au début de cette étude, que
les établissements de bienfaisance, dont la société moderne est si
fière, ont été fondés par la charité chrétienne. « Quand les choses
sont telles, on comprend parfaitement que, pendant des siècles, le
clergé seul ait été chargé de l'administration du patrimoine des pauvres. Puis, le cours des temps a donné à la société laïque la place
naturelle et légitime qui lui appartient. Cette place est devenue prépondérante. Nous en sommes heureux, Messieurs ; c'est au fond l'esprit chrétien, l'inspiration chrétienne entrés dans nos mœurs, infiltrés
dans nos lois et dans nos pratiques administratives elles-mêmes[1]. »

La prépondérance de l'élément civil dans la charité publique
n'est plus contestée par personne aujourd'hui. Mais n'y aurait-il pas
une injustice criante à fermer au clergé la porte de ces *Hôtels-Dieu*
fondés sous son inspiration, dotés par ses soins, maintenus par son
dévouement? M. Plessier sent combien une pareille exclusion paraî-
trait odieuse. Aussi prend-il un détour pour y arriver.

« Que les ministres des cultes, dit-il, soient aptes à devenir
administrateurs des hospices et des bureaux de bienfaisance, il n'y
a rien là que de juste et d'équitable. Que cette distinction soit
accordée à leurs mérites personnels, nous le désirons (*Rapport*,
p. 33.) » Ce n'est pas en raison de son mérite personnel que le
ministre de la religion est membre de nos commissions charitables,
c'est en vertu de son caractère sacerdotal, c'est, comme l'a si bien
dit Mgr Dupanloup, en raison de sa spécialité. « Mais, dit-on, ce
que vous demandez, est un privilége ! Non, je n'accorde pas que ce

[1] Discours de Mgr Dupanloup. Séance du 27 mars 1873.

soit un privilége; c'est le droit de la spécialité. Il est tout simple que chacun bénéficie de sa spécialité; nous avons une spécialité, la charité; nous devons en bénéficier. La spécialité du soldat, c'est de se battre et de mourir pour son pays; la nôtre est de nous dévouer et d'aller au secours de ceux qui souffrent et de ceux qui meurent... Ah! n'éloignons pas le laïque du prêtre, ni le prêtre du laïque; ils sont utiles l'un à l'autre. Ils sont utiles aux pauvres dans leur commun dévouement [1]. »

Ecoutant la voix de la justice, l'Assemblée nationale a voulu que, dans notre administration charitable, les ministres de la religion eussent, suivant l'heureuse expression de M. Lucien Brun, « une place incontestée. » Une année à peine s'était écoulée, depuis l'application de cette mesure de réparation et d'équité, que déjà l'Inspection générale des établissements de bienfaisance en constatait les heureux résultats.

La loi nouvelle a appelé à siéger à côté du maire, président né de la commission, le curé et les représentants des autres cultes reconnus par l'État. Elle a ainsi assuré aux ministres de la religion la place qui leur appartient dans les conseils de la charité publique. Leur présence a déjà eu pour effet de faire tomber d'injustes défiances, de dissiper des préventions sans fondement; elle permettra de compléter et de contrôler les listes d'indigents, de prévenir les abus et les doubles emplois, et d'écarter les indigents qui, faute de cette entente si désirable, vivaient impunément des secours de l'assistance publique et des aumônes du clergé et de la charité privée [2].

5° *L'esprit étroit et rétrograde des commissions administratives.....* (Rapport, p. 29.)

Chacun sait en France, et les pauvres surtout, comment sont composées nos commissions administratives. Leurs membres ont été choisis parmi les hommes que désignaient hautement leur honorabilité personnelle, leur zèle éclairé, leur dévouement longtemps éprouvé.

Mais notre témoignage serait insuffisant. On nous saura gré d'en produire un autre dont la valeur et l'autorité ne seront contestées par personne.

Messieurs, j'ai eu l'occasion, dans le cours de l'année dernière, simple particulier, de visiter presque tous les hospices et hôpitaux de

---

[1] Discours de Mgr Dupanloup. Séance du 27 mars 1873.

[2] Enquête sur les bureaux de bienfaisance. Rapport présenté au Ministre de l'intérieur par M. Bucquet, au nom de l'inspection générale des établissements de bienfaisance. Imp. nat. Décembre 1874.

nos grandes villes de France ; j'ai été en rapport avec les commissions administratives et avec les autorités municipales. Je désire demander à M. le ministre de l'intérieur si les impressions de son administration ne sont pas celles que je vais exprimer.

L'organisation des commissions administratives remonte à 1821 ; depuis cette époque, il s'est trouvé six, ou dix, ou vingt personnes, suivant l'importance des hospices, qui, du jour où elles ont été choisies, ont consacré tout leur temps, tous leurs soins, je pourrais ajouter, et souvent toute leur fortune, à l'administration des hospices. Elles ont été spécialisées, je le sais : on s'en est plaint ; mais en réalité elles ont été spécialisées par leur intelligence charitable et par leur dévouement aux établissements qu'elles étaient chargées de diriger. (*Très-bien ! très-bien !*)

Aujourd'hui, on veut faire toutes les administrations suivant une forme donnée : ce sont des *élections du conseil municipal mêlées à des nominations faites par le préfet.*

J'approuve complétement, je m'empresse de le dire, l'adjonction des ministres des cultes aux commissions administratives existantes : je la voterai avec empressement ; mais je regretterais profondément que, par un nouveau mode d'élection, les anciennes commissions administratives fussent nécessairement désorganisées.

Vous excluez donc, par la règle absolue que vous établissez, des commissions administratives, les personnes qui depuis longtemps ont rendu les plus grands services à l'administration hospitalière des villes ; en cela vous produirez peut-être un mal ; je ne l'affirme pas, mais je le crains. En outre, de permanentes et durables qu'elles étaient, vous rendez ces administrations mobiles, comme toutes celles qui sortent de l'élection. (*C'est cela ! très-bien !*)

On a parlé l'autre jour du suffrage universel ; on a dit que ce serait le résultat indirect du suffrage universel.

Devant ce mot là il faut s'incliner, quand il s'agit d'institutions politiques ou d'administrations départementales ou communales ; mais ici, ne l'oubliez pas, il s'agit d'une mission toute particulière, toute spéciale, qui n'a rien de politique et pour laquelle tout le monde n'est pas propre.

On institue un corps délibérant ; tout le monde délibère ; mais les membres d'une commission administrative font bien autre chose que délibérer : ils connaissent les malheureux ; ils voient eux-mêmes les malades ; ils sont tous les jours, deux ou trois heures par jour, à leur hospice. Je crains beaucoup que vous ne fassiez une commission officielle à la place des commissions actives que vous avez maintenant. (*Très-bien ! très-bien !*)

On sera obligé alors d'en venir, savez-vous à quoi ? on sera obligé d'en venir à choisir, sous ces commissions officielles délibérantes, composées de membres qui ont d'autres intérêts, d'autres devoirs, qui n'ont pas consacré toute leur vie à ce soin, des agents salariés pour remplacer les membres élus ou nommés, pour remplir les devoirs qu'ils devraient remplir personnellement; et ces agents salariés, ne l'oubliez pas, seront payés avec les deniers qui appartiennent aux hôpitaux et hospices. Je crains que, sans le vouloir, vous ne produisiez cette transformation. (*Très-bien!*)

Et puis autre chose. Songez à ce qui est la fortune des hôpitaux et hospices : c'est moins la subvention que donne le budget communal, qui n'y vient habituellement que pour subvenir, pour compléter, que les dons particuliers qui sont faits. Si je voulais mettre sous les yeux de l'Assemblée l'énumération, le chiffre de tous les dons et legs qui, dans notre société, sont faits, chaque année, au profit des administrations hospitalières, l'assemblée verrait avec joie et orgueil jusqu'où va cette charité en France. (*Très-bien! Très-bien!*)

Nous avons des journaux, Messieurs, qui nous racontent tous les jours les crimes qui se commettent sur le territoire de notre pays; mais malheureusement nous n'en avons pas qui nous apprennent, tous les jours, tout le bien qui, sous mille formes, en mille manières, se fait parmi nous.

Eh bien, c'est à l'administration stable et permanente et éprouvée, et connue et révérée des hospices, que doit surtout être attribuée la propension que l'on a à leur faire toutes ces libéralités. (*C'est vrai!*)

Quand, à la place des commissions permanentes qui prennent des noms propres, les noms les plus respectés d'une ville pour leur dévouement aux bonnes œuvres; quand, à leur place, vous aurez des commissions mobiles s'en occupant temporairement, parce que leurs membres auront d'autres occupations, je crains, je crains beaucoup que vous ne détourniez, en quelque mesure, tous ces dons et legs qui ont été faits autant par dévouement aux bonnes œuvres que par la confiance qu'on a dans les intermédiaires chargés de les employer. (*Marques nombreuses d'assentiment.*)

On a dit, à la dernière séance, que les commissions ainsi composées, qui restaient trop permanentes, avaient un inconvénient, qu'elles devenaient routinières, qu'elles étaient étrangères aux progrès qui s'accomplissent.

Messieurs, je ne nie pas que, dans quelques lieux, les administrations n'aient été peut-être routinières, mais on y a porté remède. — L'inspection générale, faite chaque année par les soins de M. le Ministre de l'intérieur, a porté partout ses conseils, et j'affirme que, dans beaucoup de lieux, ces conseils ont été suivis avec empressement et avec fruit. On peut visiter tous nos hôpitaux et hospices : on trouvera peut-être encore dans quelques-uns quelques abus ; mais, en vérité, je ne crains pas de dire que ceux qui ont visité les hôpitaux et hospices dans les pays étrangers et qui visitent les nôtres tels qu'ils sont actuellement, n'ont qu'à se glorifier pour leur pays, de l'état dans lequel ils les trouvent. (*Marques nombreuses d'opprobation*[1].)

Après un pareil éloge, nous pouvons nous dispenser de défendre nos commissions contre des accusations qui tombent d'elles-mêmes.

6° *La nature des choses ne dit-elle pas qu'un conseil municipal élu par le suffrage universel, expression de l'opinion publique, peut, en connaissance de cause, nommer à la gestion de l'hospice et du bureau de bienfaisance les citoyens les plus aptes et les plus dignes?* (Exposé des motifs, p. 4.)

Il fut un temps où les conseils municipaux, se renfermant avec sagesse dans leurs attributions locales et s'occupant avec impartialité des intérêts de la cité, inspiraient à tous le respect et la confiance. C'était le temps où les hommes les plus éminents du parti conservateur, aussi dévoués aux libertés communales qu'aux intérêts de la religion et de la charité, réclamaient une part plus grande pour l'élément municipal dans l'administration de nos établissements de bienfaisance. Nous qui avons partagé leurs généreuses illusions, nous n'hésitons pas à reconnaître qu'ils se trompaient. M. Dufaure l'a démontré, avec son admirable bon sens, dans la discussion de la loi du 7 août 1851, et l'événement lui a donné complètement raison. Mais en voyant ce que sont devenus les conseils municipaux de nos populeuses cités sous le régime du suffrage universel et l'influence des passions démocratiques, les conservateurs n'ont pas tardé à reconnaître leur erreur.

Voici en quels termes l'honorable rapporteur des lois de 1851 et de 1873, M. le comte de Melun, s'est expliqué sur ce point avec la loyauté qui le caractérise [2] :

Ainsi, Messieurs, à toutes les époques de la monarchie, quoi qu'en ait dit notre honorable collègue, dans les temps de calme où le pays était parfaitement constitué, lorsque les conseils municipaux, se contentant des fonctions paternelles que la loi leur attribuait, ne s'occupaient que du bien-être des habitants de leurs communes, on n'a jamais pensé à leur confier l'administration charitable. Et l'on voudrait aujourd'hui, dans un temps troublé comme le nôtre, alors que, dans les grandes villes, celles qui réclament ce droit avec le plus d'instance,

---

[1] Discours de M. Dufaure. Séance du 7 avril 1851.
[2] Séance de l'Assemblée nationale du 20 mars 1873.

les conseils municipaux, laissant de côté ces fonctions paternelles dont je parlais tout à l'heure, ne s'occupent plus guère que de questions générales, qui ne les regardent pas, s'arrogent le droit de vous donner des avis sur les lois que vous avez à voter, et même sur la durée de votre pouvoir, et tendent par conséquent, de plus en plus, à devenir, malgré la loi, des corps politiques, on voudrait aujourd'hui leur confier les destinées charitables de la France ! (*Approbation à droite et au centre droit.*)

Je ne crains pas de le dire, si vous cédiez à ces prétentions vous porteriez le coup le plus terrible à l'assistance publique, car à la charité qui est son essence, vous y substitueriez la politique, sa plus mortelle ennemie. (*Nouvelle approbation sur les mêmes bancs.*)

Comment voulez-vous que des hommes qui, dès qu'ils arrivent à ce pouvoir restreint, qu'ils espèrent bien élargir plus tard, déclarent vouloir procéder à des réformes qu'ils appellent sociales, mais que, — moi, j'appellerai plutôt antisociales, — comment voulez-vous, dis-je, que ces hommes aient un grand souci de l'administration charitable ? Savez-vous les améliorations auxquelles ils prendraient part ? Ils substitueraient aux hommes dévoués qui ont sacrifié leur vie au profit des pauvres, les hommes nouveaux, qui n'auraient d'autre mérite que d'avoir des opinions plus avancées. (*Mouvements en sens divers.*)

Vous les avez vus, dès qu'ils ont été les maîtres de l'instruction primaire, déclarer l'école laïque pour en chasser les Frères de la doctrine chrétienne ; de même vous les verriez, dès que vous les auriez rendus arbitres de l'assistance, proclamer l'hospice et l'hôpital laïques pour en chasser les Sœurs de Charité.

A droite et au centre. Très-bien ! très-bien !

Sur quelques bancs à gauche. Allons donc ! allons donc !

7° Cette grande institution de l'assistance publique ne doit jamais être détournée de sa haute mission qui est de soulager le malheur sans distinction de culte et de parti. Il ne faut pas qu'on puisse jamais la suspecter d'être un instrument de propagande religieuse ou politique.

C'est en ces termes que le rapporteur de la commission d'initiative parlementaire demandait, le 1er août 1876, à la Chambre des députés, de prendre en considération la proposition de M. Plessier.

Il a voulu certainement insinuer que ces beaux principes n'avaient pas été mis en pratique par notre Administration charitable ; mais il est vraiment trop facile de retourner l'accusation contre les accusateurs.

On n'a pas encore oublié que l'un des abus les plus criants commis par les autorités républicaines après le 4 septembre, a été précisément de violer partout les principes de tolérance et d'impartialité si bien exposés dans le rapport de M. de Sonnier. Dans la séance de l'Assemblée nationale du 22 avril 1871, M. le duc d'Audiffret-Pasquier a signalé la dissolution illégale de plus de deux cents commissions administratives d'hospices et de bureaux de bienfaisance, révoquées par les préfets du 4 septembre, « parce qu'elles n'étaient pas suffisamment républicaines... ou parce qu'elles avaient un parfum clérical. » Il faut rendre cette justice à la mémoire de M. Ernest Picard, alors Ministre de l'intérieur, qu'il n'hésita pas à blâmer l'immixtion de la politique dans l'administration charitable, et les anciennes commissions furent successivement rétablies.

Les enquêtes que dut faire, à cette occasion, l'Inspection générale des établissements de bienfaisance, ont révélé les faits les plus graves, que le Gouvernement se propose, sans doute, de porter à la connaissance du pays, le jour où le parti radical oserait présenter, de nouveau, la proposition Plessier. Tout ce que nous pouvons dire, d'après les renseignements particuliers recueillis par nous à ce sujet, c'est qu'à Marseille, la commission administrative fut révolutionnairement dissoute, le 7 octobre 1870, par M. Esquiros et remplacée par une commission provisoire, sous la présidence de M. Labadié, conseiller municipal.

Des distributions considérables de bons de pain et de viande coïncidèrent avec chacune des élections qui eurent lieu à Marseille sous la dictature de M. Gambetta, et le journal des radicaux les plus écarlates, l'*Egalité*, fut distribué, avec les bons de pain, à tous les électeurs assistés par le bureau de bienfaisance. Est-il besoin d'ajouter que les sœurs de Saint-Vincent de Paul furent remplacées par des commissaires de quartier, qui s'efforçaient de détruire les principes de religion et parfois même, hélas! de morale dans le cœur des pauvres !

A Lyon, la municipalité révolutionnaire ne prit même pas la peine de révoquer la commission administrative du bureau de bienfaisance. Elle chargea du service des secours à domicile des *délégués des compagnies de la garde nationale...* ; et le gaspillage le plus scandaleux des ressources du bureau de bienfaisance, doublées, triplées par les subventions municipales, s'étala impunément, pendant près d'une année, sous les yeux des honnêtes gens, indignés des honteux trafics qui s'accomplissaient au moyen des bons de l'assistance publique.

A Toulon, les Sœurs de Charité furent remplacées par des *gardes-malades laïques* payées à raison de 1 fr. 50 par vingt-quatre heures [1].

---

[1] *Règlement sur le service des secours gratuits à domicile pour les malades indigents*, p. 40 et 45. — Toulon, typographie Robert.

A Romans (Drôme), on vit les administrateurs républicains et anticléricaux du bureau de bienfaisance refuser publiquement tout secours aux parents qui s'obstinaient à envoyer leurs enfants à l'école des Frères.

Nous pourrions citer bien d'autres faits, non moins édifiants; mais l'espace nous fait défaut, et les détails que nous venons d'esquisser suffiront pour donner une idée de ce que deviendrait l'administration de nos établissements charitables, si elle était livrée aux influences révolutionnaires, aux passions antireligieuses qui règnent aujourd'hui dans les municipalités d'un trop grand nombre de villes.

Pour montrer jusqu'où l'on peut aller dans cette voie, il faut bien évoquer les salutaires leçons du passé. Voici un document bon à méditer.

Le 10 pluviôse de l'an II de la République une et indivisible, le bureau d'administration s'étant assemblé (à l'Hôtel-Dieu d'Angers) et considérant qu'il importait beaucoup à l'ordre public de supprimer et faire démolir dans cette maison tous les objets quelconques qui pourraient tendre à alimenter le fanatisme malheureusement trop dominant depuis longtemps, a arrêté que de suite, autant qu'il serait possible, tous les autels et autres monuments qui existent dans l'ancienne chapelle et dans les salles de cette maison seraient démolis, en observant avec la plus grande attention de mettre à part ce qui serait bon à salpêtre pour en faire don à la République; également que les croix qui se trouvaient sur la maison seraient enlevées et qu'on y substituerait au principal pignon un bonnet de la liberté avec un pavillon tricolore. Comme aussi que toutes les inscriptions qui se trouvaient dans le réfectoire des sœurs seraient effacées et remplacées par les *Droits de l'homme* décrétés par la dernière Constitution, et autres maximes de cette nature; enfin qu'il serait peint, dans les deux grandes salles des malades, sur deux grands tableaux existant maintenant dans la salle ordinaire du bureau d'administration, les *Droits de l'homme* en caractères aussi lisibles que faire se pourrait.

Et qu'on ne vienne pas nous dire que nous calomnions notre temps, que le retour des criminelles folies de la Terreur est impossible! L'an dernier, l'administration des hospices de Lille avait soumis au conseil municipal de cette ville un projet de construction pour l'*Hospice des Vieux Ménages* fondé par un pieux bienfaiteur des pauvres. Le rapporteur de la commission du conseil municipal, chargé de l'examen du projet, proposa « l'interdiction, sur le monument, de tout signe ayant un caractère religieux. » Cette proposition reçut aussitôt un accueil favorable. Vainement le Maire, dans un langage aussi ferme qu'éclairé, s'efforça de démontrer à ces énergumènes combien « il était grave de heurter le sentiment d'une population profondément religieuse. » L'un des membres de la majorité lui répondit : « Nous ne croyons pas utile de laisser tout envahir par des idées religieuses qui n'ont rien à voir dans les œuvres de bienfaisance. » Et la proposition, qui avait pour but de proscrire le signe sacré de la Rédemption, fut adoptée [1].

Mais que nos seize mille commissions administratives se rassurent ! Le Maréchal, dont l'épée veille sur la France, ne permettra pas à la Révolution de disperser, encore une fois, ces légions de la charité, qui marchent à l'arrière-garde de l'armée sociale pour relever les blessés, les malades, les infirmes, les pauvres tombés sur les champs de bataille de la vie.

[1] Procès-verbal imprimé de la délibération du conseil municipal de Lille, en date du 5 mai 1876.

PARIS. — E. DE SOYE ET FILS, IMPR., 5, PL. DU PANTHÉON.

2/1

www.ingramcontent.com/pod-product-compliance
Lightning Source LLC
Chambersburg PA
CBHW071004280326

41934CB00009B/2168